中国满族图录丛书

满族碑石

八旗宗室卷

李林 主编

辽宁民族出版社

民族文字出版专项资金资助项目

图书在版编目（CIP）数据

满族碑石. 八旗宗室卷：满文、蒙古文、汉文 / 李林主编. —沈阳：辽宁民族出版社，2019.10

（中国满族图录丛书）

ISBN 978-7-5497-1769-9

Ⅰ. ①满… Ⅱ. ①李… Ⅲ. ①满族 — 碑刻 — 汇编 — 中国 Ⅳ. ①K877.42

中国版本图书馆CIP数据核字（2017）第320666号

满族碑石. 八旗宗室卷

MANZU BEISHI. BAQI ZONGSHI JUAN

出版发行者：辽宁民族出版社
地　　址：沈阳市和平区十一纬路25号　邮编：110003
印 刷 者：辽宁新华印务有限公司
幅面尺寸：210mm×285mm
印　　张：22.75
字　　数：250千字
图　　片：547幅
出版时间：2019年10月第1版
印刷时间：2019年10月第1次印刷
责任编辑：吴昕阳
封面设计：杜　江
责任校对：侯俊华

标准书号：ISBN 978-7-5497-1769-9
定　　价：480.00元

网　　址：www.lnmzcbs.com　邮购热线：024-23284335
淘宝网店：http://lnmz2013.taobao.com
如有印装质量问题，请与出版社联系调换　联系电话：024-23284340

主　　编/李　林

副 主 编/吴昕阳

撰 稿 人/李　林

图片拍摄/李　林

协助拍摄/董瑞霞　吴昕阳

碑文整理/李　林　吴昕阳　李　璜　杜璐珊

出版说明

所谓少数民族古籍，大体包括三方面内容：一是指用少数民族文字和民族古文字记载的文献典籍和历史文书，还有一些金石铭刻；二是有关少数民族资料的古代汉文文献；三是各民族世代流传下来的具有文化价值的口头传承资料。少数民族古籍，数量浩瀚，价值珍贵，堪称中华民族文化宝藏中的一颗璀璨明珠。它的发掘、整理和利用，为我们提供了新鲜史料，对于民族历史、文化的深入研究，对于中华民族优秀文化的继承和积累，都具有重要的学术价值和现实意义。

辽宁省是祖国多民族省份之一，除汉族外，55个少数民族都有居住。其中发祥于辽宁的满族，还有蒙古族、回族、朝鲜族、锡伯族等世居民族，均有悠久的历史和灿烂的文化，并藏有大量的民族古籍，然而有相当数量的民族古籍散落于民间或流失于国外。因此，抢救、整理和出版少数民族古籍，时间紧迫，任务艰巨。

根据全国少数民族古籍工作的原则和要求，我们已制定出全省少数民族古籍工作规划。经过协商，辽宁省被推选为北京、河北、内蒙古、辽宁、吉林、黑龙江、新疆等七省、直辖市、自治区的满族古籍工作的牵头省。

遵照有关抢救、整理和出版少数民族古籍的指示精神，结合辽宁省少数民族古籍蕴藏丰富、独具特色、弥足珍贵的特点，我们以整理满族古籍为重点，兼顾其他民族古籍，并注意与省内外协调一致，力求少数民族文字和汉文民族古籍整理并重。

按照民族古籍的种类、版本和出版的需要，整理方法分为：少数民族文字采取影印、汉译、译编、原文与汉译合编、汉译与研究等形式；汉文采取影印、缩印、点校、校注、选辑等形式。通过这些不同的形式和方法，对民族古籍进行科学整理，使今人和后人更方便阅读和使用古籍，更好地为各学科领域的研究提供翔实的文献资料，从而实现民族文化资源共享和促进各民族间的文化交流。

对我们的工作，国家和省内外有关部门及专家给予了大力的支持，谨致谢意。由于我们水平有限，缺乏工作经验，粗疏错误之处在所难免，希望读者给予指正。

辽宁省少数民族古籍整理出版规划办公室

总前言

碑石是指刻有文字的石头，简称为碑。在我国，碑石的产生由来已久，东汉时期，碑的形制逐渐规范。历经岁月沧桑，现仍存有数量众多的中国历代碑石。人们将其美誉为写在石头上的书。

一、满族碑石概述

满族碑石是指旗人及与旗人密切相关的碑石。在清朝，由于满族贵族身居统治地位，享有特殊的权利，树碑立传已成为当时的一种时尚。近四百年来，虽然满族碑石损失巨大，但存世数量仍令人叹为观止。这些碑石独具特色，记录了丰富的满族历史信息，极有价值，极为珍贵。满族碑石已经成为中华民族文化遗产的重要组成部分。

（一）碑石的现状

1. 数量众多。以满族贵族为核心的大清帝国统治中国长达二百六十八年之久，是中国历史上最后一个封建专制皇朝。满族在维护多民族国家统一、边疆的开发、文化的继承和发展等方面，都做出了巨大贡献，惠及千秋。由于满族贵族身居统治地位并享有特殊的权利，满族承袭有序的氏族文化，汉族儒家文化的熏陶，盛世之下奢靡之风兴起等因素，促使满族社会立碑之风盛行。加之乾隆皇帝的好大喜功，对碑石更是情有独钟，无疑又起到推波助澜的作用。仅据《雪屐寻碑录》《辽海丛书》《碑传集》《八旗文经》《北京图书馆藏中国石刻拓片》《北京图书馆藏北京石刻拓片目录》《全国满文图书资料联合目录・石刻拓片・满文碑刻目录》中所载，涉及数以万计的清代碑石，其中含有众多的满族碑石。在《雪屐寻碑录》中，就有清末旗人盛昱搜集的北京旗人碑石，仅墓碑就达八百多通。结果是现在在一些地区，例如北京、辽宁、河北，还有江南、泰山、五台山等地与满族相关的碑石林立，仍存有一千五百余通。虽然由于时代的变迁、人为的破坏、自然的风化，满族碑石损失巨大，但存世数量仍然令人惊叹。满族碑石可以用三多来形容：数量多，损失多，存世多。

2. 分布广泛。满族碑石分布极为广泛，遍布中华，乃至境外。分布的重点地区是：

发祥圣地东北地区，京畿要地京津唐地区，避暑山庄承德地区，南巡沿途江浙地区，儒家圣地山东地区，边陲荒漠西北、西南地区。无论是在高山峻岭之上，还是平原沃野之中，无处不在，分布之广无与伦比。

3. 研究成果。近年来对于碑石的研究取得了可喜的成果。北京市文物研究所的《清代园寝志》、冯其利的《京郊清墓探寻》、杨海山的《京郊清代墓碑》、刘小萌的《清代北京石刻中的旗人史料》等书籍和文章中，都记述了北京地区清代碑刻的现状及价值。辽宁、吉林、黑龙江、河北、甘肃、江苏、广东等省及沈阳、鞍山、辽阳、营口、本溪、杭州、武威等市编辑了《碑志》，其中收录了许多与满族有关的碑石。河北少数民族古籍办公室专门组织编辑了《河北满族蒙古族碑刻选编》，收录了河北地域内150余通满族碑石的碑文。其他一些地区也有类似情况。

4. 碑石保存。文物管理部门对碑石的保存力度不断地加强。满族碑石的保存采取集中保管与分散保管相结合的方式。集中保管有的对外开放，一般称为碑林。分散保管是将个别碑石用铁栅栏围起，禁止游人入内。但有许多碑石或立或倒在山林、旷野、农田之中，因存世数量多，文物管理部门难以顾及，一些碑石被砸、被盗现象屡见不鲜，碑石保存的现状令人担忧。

（二）碑石的特点

1. 种类多样。根据碑石的性质、功能，满族碑石的名称不同，有墓碑、神道碑、诰封碑、谕祭碑、墓志铭、谕旨碑、训诫碑、记事碑、纪功碑、德政碑、抒怀碑、诗文碑、题字碑、经文碑、警示碑以及碑帖、石刻线画等。

2. 内容丰富。满族碑石所载内容广泛，有人物、战绩、民族、宗教、文字、书法、风俗、名胜古迹等，涵盖了满族政治、经济、文化等诸多方面。清帝御制诗文碑更是大行其道，其中乾隆帝弘历的诗文碑，数量之多，内容之丰富，可谓一大奇观。

3. 皇帝独尊。由皇帝撰文或书写或下令制作的碑，一般称为御制碑。御制碑数量最多，今存有千余通，约占满族碑石的五分之三。这些碑石规格最高，体量最大，通高有的达六米多。它们多数存于华丽宏伟的碑楼之中，彰显着皇家气派。除诗文碑外，绝大多数御制碑镌刻有多种少数民族文字，既显示对各民族的尊重，又向国人宣示一统天下的威严。在清帝御制碑中“圣德神功”碑最为壮丽威严，可称得是“天下第一碑”。这些御制碑所载内容丰富，涉及治国理念、国家统一、尊孔崇儒、民族宗教、战争纪实、告诫八旗、尚武行围、人物评论、诗词歌赋、书法临摹、石刻线画、城建治河等诸多方面。清帝御制碑体量之大、数量之多、内涵之深、文辞之雅、雕刻之美、制作之精、受众之广、价值之高，历代无可比拟，将碑石文化推向巅峰。

4. 一人多碑。满族贵族的碑石，大多数是一人多碑。其中有的人同时拥有由皇帝或朝廷撰写的祭文镌刻于碑上，并遣官致祭的谕祭碑；朝廷颁发的诰命敕书镌刻于碑上，以示宠贵的诰封碑；记载家世及生平事迹的墓碑；以及神道碑、功德碑等。场面壮观，尽显光宗耀祖与奢侈无度之风气。

5. 多种文字。根据碑中所载内容、所处的地域等不同情况，满族碑石中常镌刻有汉文及多种少数民族文字，其中有满汉文合璧、满蒙汉文合璧、满汉蒙藏文合璧，满汉蒙藏维文合璧，反映出多民族文化的交融，彰显着和谐之美。镌刻多种民族文字无疑对于碑文内容的传播也起到了促进作用。

6. 雕刻精美。满族碑石形制多样，竖立横卧、龟趺透龙、圆首方趺，千姿百态。碑石上雕刻的瑞兽生动逼真，雕刻的花卉争奇斗艳；碑额雕龙栩栩如生，呼之欲出；龟趺庄重威严，气势磅礴，尽显力量。可以说每座满族碑石都是一件绝美的艺术精品。

7. 体量硕大。依照官员等级的高低，碑的大小不等。满族贵族的碑石，竖碑通高达四米多、宽一米左右、厚四十厘米左右；卧碑长度四米、高三米，蔚为壮观。

8. 规制严格。清朝对立碑人、碑的大小、样式，都要按照官员等级，有严格的规定，例如：

宗室王公：顺治九年（1652）规定，凡亲王至辅国公，御祭二次，派遣官员至坟前读祭文致祭。宗人府请赐谥号，撰写碑文。工部负责制碑建亭，贝勒以下碑自建，按爵位赐予不同数额的丧葬费。镇国将军至奉国将军，赐祭二次，祭文一，立碑；对于给予谥号，可临时请旨。奉恩将军赐祭无祭文，不立碑，不给予谥号。

贵族官员：顺治十五年（1658）规定，部、院官员加秩至一、二品，致祭，立碑；三品满三年者如之，未满只祭，不立碑。护军统领、副都统、前锋统领、步军总尉考满视三品，如为男爵，致祭，立碑。参领、前锋参领满三年，致祭，不立碑。四品卿、少卿考满者同，否则不给祭文。阵亡者不论品级，获请恩恤。内大臣、都统、大学士、尚书、护军统领、副都统、前锋统领、侍郎、学士、步军总尉原品级退休者，致祭，立碑同。现仕轻车都尉、佐领、骑都尉、郎中、员外郎、主事，致祭，无碑文。承袭公、侯、伯有职者，依职任予恤，否则只给祭品。其后历年有所变动。

碑石形制：公、侯、伯螭首高三尺二寸，碑身高九尺，宽三尺六寸，龟趺高三尺八寸。一品螭首、二品麒麟首、三品天禄辟邪首、四品至七品圆首方趺，尺寸按品级递减。圹志用石二片，一为盖，书某官之墓；另一块为底，书姓名、乡里、三代、生年、卒葬日和子孙墓地。

（三）碑石的价值

1. 文化遗产。满族碑石是中国历代碑石的继承和发展，是中国历代碑石重要的组成部分，是中华民族的宝贵遗产。满族碑石因其民族特征，作为文化遗产，更能展现多民族文化的多彩与融合，增加文化遗产的多样性和厚重感，更具有特殊的意义。御制碑就是其中的代表，成为中华文化史的重要组成部分，是当之无愧的中国与世界文化遗产。这在中国和世界史上都是独一无二的，这一独特的历史现象可以称其为奇迹，令世人刮目相看。

2. 诉说历史。以碑说史，以碑补史，以碑证史。碑石上丰富的信息诉说着满族的历史文化。由于满族碑石种类的多样性以及众多的存世量，其所涉及的内容极为广泛；由于满汉、满蒙汉、满汉蒙藏等文字的合璧，可以通过多种文字相互印证，去伪存真；由于墓碑碑文多由家族或请高官名流私人撰写，有利于对八旗人物的了解和研究；显示身份地位的诰封碑、谕祭碑，可弥补史书不足；满族出身的皇帝碑石数量最多，分布地域最广，内容最丰富，政论、诗刻、题字无所不包，为我们从另一角度观察帝王所思所行，提供了史料；处于满族下层的兵丁碑石，提供了细致入微的史实，史料价值与满族贵族相比毫不逊色。这些碑石折射出同一个朝代、同一个民族，不同时期的社会风貌，可以说每通碑石都是一个故事、一部传记、一段历史的述说。碑石再现的是客观真实、形象生动的满族，对深度感知满族大有裨益。

3. 文化传承。满族碑石矗立于世，不但是在述说历史，它也是一个时代的符号，一个民族的符号，它更是文化的一种传承。这种传承彰显了中华文化的异彩纷呈，这种传承使我们可感知到满族碑石的独特神韵，令人震撼。目睹满族碑石的现状，提示我们应该加大满族碑石的保护力度，更加重视满族文化的传承。

4. 文化交融。满族碑石中满汉、满蒙汉、满蒙汉藏等文字合璧的碑石，在中国历代碑石中独树一帜。它反映出多民族文化的交融，对其他民族的尊重。它易于各民族的阅读，有利于民族融合，从而达到社会和谐、民族和谐、社会稳定。满族碑石承载的如此厚重的满族历史文化，绝无仅有，影响深远。

二、《满族碑石》图录

《满族碑石》图录是《中国满族图录丛书》的一部分，是全国现存满族碑石图片的总汇。它首次全面、系统地展现满族碑石多姿多彩的全貌，运用现代技术，现场拍照，真实、客观地展现每一通碑的实景真容和特点。《满族碑石》分为八旗宗室与八旗官兵碑石和清帝御制碑石两部分，从不同的角度展示出《满族碑石》独特的价值，使得各类读者都可看可读，各取所需，各得其所。

（一）收录历程

早在20世纪80年代，辽宁大学历史系清史研究所编写《满族通史》时，我们即开始进行了满族碑石的收录工作，得到了许多珍贵图片，部分已被《满族通史》采用。同时也在筹划日后将这些图片编辑成书，成为《满族通史》的姊妹篇。可惜由于《满族通史》的主编李燕光先生去世而中断。

2006年，在辽宁省民族事务委员会、辽宁省少数民族古籍整理出版规划办公室、辽宁民族出版社的大力支持下，重新开始进行满族碑石的收录工作。到2016年，历经十余年，行程八万余公里，踏着满族先辈的足迹，西达伊犁，东至江浙，北到黑龙江，南抵两广。2012年，作者曾经自驾行驶八千公里，到达祖国西部边陲新疆伊犁昭苏县格登山，在伊犁哈萨克自治州人大原副主任关伊梅女士和伊犁哈萨克自治州博物馆研究员安英新先生的协助下，考察了乾隆帝御笔《平定准噶尔勒铭格登山之碑》，该碑标志着新疆的统一。此次考察取得了丰硕的成果。目前已收集满族碑石一千五百余通，图片三万余幅。

（二）碑石界定

满族有着悠久的历史，其先世可以追溯到商周时期。满族有记载可考的直系先祖是明代生活在松花江下游依兰地区的女真人。满族是以明代建州女真、海西女真为主体并吸收了黑龙江地区的女真人、许多汉族和蒙古族及其他民族成员，在十六世纪末至十七世纪初，形成的新的民族共同体。他们分别被编入满洲、蒙古、汉军八旗之中，清末总人数已达五百二十六万余人。这些八旗之人后来简称为“旗人”。在四百余年的交往中相互融合，这些人大部分成为今天的满族；即便没有自报满族，也是与满族息息相关。因此《满族碑石》中除收录了八旗满洲的有关碑石图片之外，也收录了八旗汉军、八旗蒙古的有关碑石图片。与此同时，还收录了少量的与满族联系密切的汉族、蒙古等其他少数民族有关碑石图片。另外，为了说明满族形成和发展的过程，满族先世的有关图片也收录其中。

目前学术界对汉军旗人是否是满族持有不同观点。我们认为在现实生活中曾经是汉军的旗人，大多数自报满族，并被国家有关部门依法认定。简而言之，虽然旗人不完全（不能等同于）是现代意义的满族，但现代的满族却都是旗人的后代。因此，碑石图录收录了汉军旗人的碑石。以此方式处理，是为适应当前的民族政策和不同的读者需求，让读者视野更宽广，让《满族碑石》的生命力更长久。

（三）碑石总汇

总汇是《满族碑石》中最鲜明、最突出的特征。它是一项极具开拓性、挑战性的系统文化工程。凸显现存满族碑石的完整性，是碑石总汇的宗旨。到目前为止，仍然没有一部能真实、全面、系统、科学地存储和展示全国现存满族碑石图片总汇的图录，难以见到满族碑石的实景真容和全貌，对于研究或了解满族历史和满族碑石的人带来极大的不便，也不利于碑石文化的传承与发展。这不能不说是一件憾事。《满族碑石》正是为此而做，将真实、全面、系统、科学地存储和展示现存的满族碑石。

《满族碑石》共收录有关满族碑石一千五百余通，图片三万余幅。它将目前分散在全国各地的满族碑石以图片的形式编辑在一起，使读者既能窥视全貌，又能探究每一通碑石，从深度和广度上，把握满族碑石，从而更全面地了解满族历史文化和碑石文化。

（四）完美展现

碑石是由碑体和碑文组合而成的，两者完美地结合才能发挥碑石的功能。碑石的核心是碑文，但作为载体的碑体也至关重要。碑体构建的体量、雕刻、形态都有特定的寓意，无不体现出碑石本身的重要程度以及碑主人的身份地位。不论是庄重、华丽，还是简约、质朴，各有所代表的含义。

《满族碑石》中收录的碑石图片，除个别外，均是现场实物拍照，是现存碑石的真实写照，是实景真容。通过图片可以窥视到每通碑的碑座、碑身、碑首的独特风采及沉淀在碑石上丰富的历史信息和富有时代感的沧桑。图片中的碑石极富寓意的构建，精美的雕刻，多种文字的镌刻，完美地展示出碑石的风采和独特的韵味。《满族碑石》正是满族碑石完美展现的荟萃。

（五）独特价值

《满族碑石》的价值包括两个方面，一是碑石的本身价值，二是《满族碑石》的价值。碑石的价值在“满族碑石概述”中已有所论述，不再赘述。在此着重叙述《满族碑石》的独特价值。

1. 尽显真容。满族碑石的独特魅力，吸引人们的眼球，一览其真容实貌，已成为许多人士的愿望。但是令人遗憾的是，因其分布地域广阔，大江南北，边陲荒漠，无处不在，我们想要目睹其全貌，几乎是不可能的事。《满族碑石》就是将这种不可能变成可能，将现存的满族碑石影像荟萃于一身，从而实现对这些碑石一览无余的夙愿。《满族碑石》将首次全面地、系统地、真实地展现出它的多姿多彩的风貌以及所承载的厚重历史文化，必将成为传承和保护中华民族文化的经典之作。

2. 世代传承。碑石的本身虽具有文化的传承功能，但在历史的长河中，各种原因均能造成碑石的损坏或消失。实景真容的碑石图片收录在《满族碑石》中，不但为了解和研究满族碑石提供了便捷的渠道，还可使碑石影像世代相传，即使碑石消失，仍可使我们能一睹其风采。这对于碑石的传承、碑石文化的发展，无疑是功不可没。《满族碑石》的问世无疑有利于满族碑石的抢救、保护、传承和民族文化的繁荣。

3. 弥补不足。现存碑石拓片有两处不足，一是目前能见到的满族碑石拓片很少，仅能从公开出版的有关拓片的书籍中挑选，例如《北京图书馆藏中国石刻拓片》；二是有些碑石拓片局部模糊不清，或有个别漏字现象。《满族碑石》图片是碑石的真实写照，它既能弥补碑石无拓片之不足，又能以实景图片与拓片相互印证，弥补个别拓片不清楚的缺憾，二者结合，相得益彰。当然如若将无拓片之碑，制作拓片，弥补拓片之不全，则更有意义，图录为此提供了路径。

4. 促进文保。文物保护是每个公民应尽的义务。近年来，满族碑石的保护取得了可喜的成果，但因环境所限和人力、物力的不足，还有许多不尽如人意的地方。《满族碑石》中有时为了展现碑石的全貌，拍摄到的碑石中有的破损卧地，七零八落，有的废弃在建筑物中，有的废弃在垃圾堆中。此举虽是无意，但希望能借此提高我们的保护意识，提醒我们保护满族碑石工作刻不容缓，任重道远。

5. 应用广泛。《满族碑石》具有广泛的适用性。《满族碑石》是满族碑石的总汇，它以其特有的系统性、完整性、客观性，用不同以往的新视角完美地展现了满族的历史文化和中华民族的碑文化发展到顶峰时的盛况。这就决定了《满族碑石》具有特殊的学术价值、收藏价值和应用价值。它不但能满足广大满族同胞了解满族历史及寻根问祖的愿望，也能满足专业人士和一般读者的需求。它可以为文物保护部门、民族事务部门的工作提供参考，更适合各级图书馆的收藏。充分发挥、释放碑石的功能为当代服务，其价值更是无法估量。

（六）科学编排

《满族碑石》以自主图片为主，同时也吸纳了我们难以拍摄的他人图片及前人的研究成果，以期全面客观地展示满族碑石全貌。以碑的内容科学地分类与编排，《满族碑石》分为八旗宗室与八旗官兵碑石和清帝御制碑石两部分，共计十二册。每部分由总前言、前言、编辑说明、致谢单位与个人、目录、引言、碑石、碑文辑录等组成。每通碑由若干幅图片组成，其中有碑体、碑额、碑身、局部、碑座、拓片，以及相关的图片。每通碑均有文字说明。我们先行出版《满族碑石》中的八旗宗室与八旗官兵碑石部分，共计六册，清帝御制碑（六册）将于2021年出版。

在满族碑石图片收集的过程中，承蒙社会各界人士的大力支持和鼎力协助，《满族碑石》才得以问世，在此表示真诚的谢意和深深的敬意。详细名单在“致谢单位与个人”中列出，你们的帮助将永远铭记在心。

前 言

八旗宗室与八旗官兵碑石是《满族碑石》的一部分，分为《满族碑石·八旗宗室卷》《满族碑石·八旗满洲卷》《满族碑石·八旗汉军蒙古卷》，共收录现存旗人碑石六百五十通，约占《满族碑石》图录总数的五分之二，涉及八旗人物六百余人，内容丰富，价值巨大。

明万历二十九年（1601），努尔哈赤初设四旗，1615年增至八旗，即八旗满洲。旗下设有固山、甲喇、牛录，五牛录为一甲喇，五甲喇为一固山，每牛录有丁三百人，形成严密组织结构。八旗具有军事、行政、生产职能，入则为民，出则为兵。

皇太极即位后，又组建了八旗蒙古、八旗汉军。从此，八旗满洲、八旗蒙古、八旗汉军的八旗制度确立。八旗满洲是八旗制度的核心及中坚力量；八旗蒙古是重要依靠；八旗汉军是辅助力量。八旗制度成为满族社会根本的政治制度，是立族之本，也是清朝立国之基。崇德元年（1636），建立了以满族贵族为核心的清朝，满族出身的皇帝成为清朝最高统治者。八旗制度影响中国社会三百余年，直至清帝退位，八旗制度才宣告终结。该制度延续时间如此之长、影响如此之深，在中国历史上是罕见的。

由于八旗在清朝所处的特殊地位，使得八旗之下的各类人物，尤其是八旗贵族，生前占据要职，地位显赫，财富殷实，有清一代的重要历史事件，无一没有八旗人物的身影。他们死后受到皇帝的恩宠，竞相建墓，树碑立传，光宗耀祖，荫及子孙后代。这些正是八旗人物碑石存世众多及在辽宁、京郊曾经举目皆是的原因之一。

八旗宗室与八旗官兵碑石，主要分布在辽宁、吉林、北京、河北、天津、新疆等地，其中北京、辽宁最多。本书将这些碑石分类编辑为八旗宗室、八旗满洲、八旗汉军、八旗蒙古四部分。这些八旗人物碑石的种类有墓碑、神道碑、诰封碑、谕祭碑、墓志铭、功德碑、题字碑等，涉及八旗的各类人物，既有宗室王公与公主，也有满蒙汉八旗的达官贵族和八旗兵丁；其记载的内容极为丰富；其碑文文字多为满汉合璧；其造型雕刻颇具艺术性。八旗人物碑石的价值就不言而喻了。

其中家族碑群尤为引人注目。家族碑群，即一个家族众多碑石的汇集。家族碑群规制严谨，承袭有序，其中有穆尔哈齐、舒尔哈齐、何和礼、索尼、代善、纳兰性德、图海、海望、傅恒、董德贵、德音、尚可喜、范文程、马鸣佩、高斌、丹津等四十余个家族碑群。每个家族碑群就是一部家族史，为我们研究这些家族提供了难得的史料，有助于判断个体在家族中的地位以及整个家族在社会中的历史地位。家族碑群使得家族的传承性一目了然，可以深入了解八旗的独特承袭制度、承袭有序的氏族文化、满族贵族享有的特殊权利，以及深受汉族儒家文化的熏陶状况。

编辑说明

为便于读者阅读，现将图录编辑中的若干原则和处理方式说明如下：

一、整体结构

八旗宗室与八旗官兵碑石分类编辑为三种六册。第一种八旗宗室卷一册，收录王公、闲散宗室和公主。第二种八旗满洲卷三册，上册收录觉罗、官员；中册收录官员；下册收录官兵；第三种八旗汉军蒙古卷二册，上册收录汉军异姓诸王及后代、汉军官兵；下册收录八旗汉军官兵、八旗蒙古官兵。每册后面附有碑文辑录、参考书目等。

二、排序原则

总体上按立碑年代的先后顺序编排，但又不拘于固定格式。对于同一家族碑石，包括子孙后代，为保持家族的完整性，相对集中在辈分最高者或家族中代表人物名下，依次排列。对于难以判断立碑年代的诰封碑、御祭碑等，参考碑文中记载的年代排序。八旗宗室卷中世系不明者，按立碑时间依次排列在王公后面。八旗满洲驻防兵丁、异姓诸王及后代，因地位特殊，单独编目。对于没有记载具体年代的碑石，先分析、判断所属年号，然后放在年号相同者之后。如康熙年间、乾隆年间。

三、纪年方法

一律以年号纪年，公元纪年放在括号内标注，例如明万历四十三年（1615）、后金天命八年（1623）、天聪五年（1631）。在叙述某一事件时，以事件的主要内容确定选用明朝或后金（或清朝）的年号。1644年之后，以清朝年号纪年。同一年号下的叙事，省略年号，只写某年。

四、碑石名称

原则上以碑石上的碑名为主，并进行编号。如碑石上没有注明碑的种类，将根据碑额或碑文内容分析确定是诰封碑，还是谕祭碑或是墓碑。若没有碑名，作者根据碑文内容确定。宗室王公及公主碑名以所封爵位为主。官员碑名中的官职以碑文中记载的相关职务为主。图片说明中的碑名只写名字和碑的种类，如图海诰封碑、凯音布谕祭碑、徐元梦墓碑。

五、一碑多名

同一碑面刻有两种不同碑文内容，以右侧碑文所载内容确定碑名，左侧碑名放于右侧碑名之后的括号内。如巴图碑，右侧是诰封文，左侧是谕祭文，故称此碑名为“巴图诰封碑（左为谕祭碑）”。同一通碑，碑阳、碑阴均有内容，以碑阳内容为碑名，碑阴碑名放于碑阳碑名之后的括号内。如博博尔代碑，碑阳为诰封碑，碑阴为墓碑，故称此碑为“博博尔代诰封碑（碑阴为墓碑）”。

六、多人题名

一通碑石多人题名，首次作为碑名的人物，将展现完整碑石图片。碑中的其他人作为碑名，为避免图片重复则采用局部图片。如哈格、绵洵等捐资重建玉皇庙碑，首次出现命名为“哈格等捐资重建玉皇庙碑”，采用完整图片；其后绵洵再用此碑命名时，则采用局部图片。

七、人物简介

依据现有史料简要介绍该人的满洲姓氏、旗属、籍贯、生平等。个别人物史料中没有记载的，将参照碑文做以介绍，不再特殊说明。一人名下有多通碑，只在首次出现时著录该人物简介，其后出现不再重复著录。

八、图片说明

碑石收藏地点标注省（自治区、直辖市）、市、区、县、村；收藏单位明确者只标注单位。拍摄时的地点与今存地点变动者，另行标注。碑阳的碑额、碑身、拓片等，不标注碑阳。碑阴的碑额、碑身、拓片等，加注碑阴，例如碑阴碑身。本书作者拍摄的图片，不再另行署名。使用他人的图片，说明图片提供者。转录图书中的图片，在说明中简略标注，详情见参考书目。

九、碑石碑文

碑文编辑在每册书后《碑文辑录》中，碑文的序号与目录序号相同。碑文不清楚但能判断字数者用“□”标注，难以判断字数者用“……”标注。括号内文字为作者加注。

十、图片色彩

对于同一通碑石在不同时间拍摄，因季节不同、天气不同、阴阳面不同、存放环境不同等，色彩有所差异。

十一、附加图片

有三种类型：一是作为附录，收录了疑似八旗人物的碑石、八旗人物的先祖碑石、与八旗密切相关而非八旗人物的碑石；二是为更好地了解碑石主人，选用了一些非碑石图片，如人物画像、奏章、任命文书、印章、书法、战绩图、谱书、拓片等；三是木质墓志铭，如满汉蒙古文合璧的固伦荣宪公主墓志铭，在本书中仅此一例。

致谢单位

（排名不分先后）

辽 宁 省 / 省民族事务委员会（以下简称民委） 省少数民族古籍整理出版规划办公室 省图书馆 省档案馆 省博物馆 省民族宗教研究中心 九三学社沈阳市委员会 沈阳市社会科学界联合会 沈阳市文物考古研究所 辽宁大学历史文化学院 营口市博物馆 瓦房店市博物馆 丹东市民族宗教事务局（以下简称民宗局） 铁岭市民宗局 新宾满族自治县民宗局 本溪满族自治县民宗局 桓仁满族自治县民宗局 宽甸满族自治县民宗局 岫岩满族自治县民宗局 清原满族自治县民宗局 凌源市民宗局 法库县文体广电新闻出版局 新宾满族自治县清永陵文物管理所（以下简称文管所） 绥中县文管所 海城市尚可喜纪念馆

吉 林 省 / 省民族研究所 吉林市民委 吉林市图书馆 吉林师范大学 伊通满族自治县民宗局 伊通满族自治县博物馆 敦化市文管所

黑龙江省 / 省民委 省民族研究所 哈尔滨市社会科学院 黑河市民宗局 漠河县政协 哈尔滨市双城区民宗局 哈尔滨市阿城区民宗局 穆棱县民宗局 依兰县民宗局 五常市民宗局 齐齐哈尔市水师营镇人大

北 京 市 / 市民委 首都博物馆 北京石刻艺术博物馆 西城区文委 门头沟区文委 房山区文委 房山区长辛店镇政府 顺义区文管所 通州区文管所 平谷区丫髻山风景区管委会

河 北 省 / 省民委 唐山市民宗局 遵化市民宗局 青龙满族自治县民宗局 宽城满族自治县民宗局 丰宁满族自治县民宗局 围场满族蒙古族自治县民宗局 卢龙县文化局 避暑山庄博物馆 隆化县博物馆

天 津 市 / 市民委 蓟州区文管所

山 东 省 / 省民委 济南市民宗局 青州市民宗局

内蒙古自治区 / 自治区民委 通辽市博物馆 赤峰市博物馆

山 西 省 / 省民委 大同市城区区政府

甘 肃 省 / 武威市博物馆 永登县文体局 瓜州县文物局

新疆维吾尔自治区 / 自治区民委　伊犁哈萨克自治州博物馆　巴里坤哈萨克自治县文物局　吐鲁番市民宗局　昭苏县文物局　霍城县文物局

福 建 省 / 省民委　晋江市民宗局　长乐市琴江村村委会

浙 江 省 / 省民委　嘉兴市民宗局

湖 北 省 / 省民委　荆江市民宗局　荆江市满族联谊会

广 东 省 / 省民族研究所　广州市满族联谊会

广西壮族自治区 / 九三学社桂林市委员会

（注：以上致谢单位的名称以当年考察拍摄时的称谓列出。）

致谢个人

（按姓氏笔画排序）

于秀丽　马学忠　王成科　王忠野　文小龙　卢同兵　卢秀丽　叶红钢　申志国　付东生　付连刚　白　杰　包英杰　冯　好　邢启坤　朴文英　全跃栋　刘　继　刘小萌　刘庆华　闫立新　关云蛟　关云德　关伊梅　关治平　安英新　安洪涛　许　辉　杜希林　杜璐珊　李　理　李　寅　李　璜　李乌力吉　李荣发　杨继文　杨敏慧　肖景全　吴元丰　吴峰天　何荣伟　何晓芳　佟靖仁　汪宗猷　沙　迹　张　宁　张　虹　张丹卉　张守生　张连兴　张学惠　陈海元　林茂玉　金花顺　金海燕　周　成　周凤敏　庞　淼　郎国兴　赵全明　赵宝祥　钟君丽　洪尚奇　姜慧平　姚　斌　热夏提　贾瑞宏　夏吾勇　徐胜伟　高　峰　高洪秀　郭淑云　黄金刚　崔景章　梁志龙　斯日古楞　韩　利　傅宝仁　溥启华　蔡习军　廖怀志

目录

引言

努尔哈赤之父塔克世的直系子孙为宗室，系金黄色带子为标志，故称“黄带子”，也成为满族宗室王公的代称。塔克世的叔伯兄弟并子孙称觉罗，以系红带子为标志，故“红带子”即是满族觉罗贵族的代称。

八旗满洲分上三旗、下五旗，上三旗归皇帝直接统辖。下五旗由分封的宗室王公统辖，而受命于皇帝。他们封爵不封领地，驻京设府，安置在八旗之中，避免了形成封建割据的局面。满族王公大臣位高权重，掌管军政大权。在政治上居于首要地位，权倾朝野。

满族宗室封爵始自崇德元年（1636），定爵九等。顺治元年（1644），定都北京之后陆续修订封爵制度，列爵十四等：和硕亲王、世子、多罗郡王、长子、多罗贝勒、固山贝子、镇国公、辅国公、不入八分镇国公、不入八分辅国公、镇国将军、辅国将军、奉国将军、奉恩将军。其中镇国将军、辅国将军、奉国将军又各分一、二、三等。在努尔哈赤时代立八旗和硕贝勒共议国事，各置官属，权势相同，利益均等，是为八分。贝子以上六等皆入八分；镇国公、辅国公有入八分、不入八分之别。这既是满族宗室贵族的一种体制，也是爵位中的一个重要界限，体现宗室成员的地位与待遇。入八分者都有府第，设置百官，承办王府事务，管理府属佐领人丁，与王、贝勒、贝子一体分左右翼列班；不入八分者各随旗行走。

满族宗室王公封爵分为四种：功封、恩封、袭封、考封。以功勋受封者为功封；皇子十五岁以及皇族近支受封者为恩封；亲王以下奉恩将军以上缺出，子嗣承袭为袭封；余子年至二十岁，考以翻译、马步射皆优者，授应封之爵为考封。袭封并非诸子皆封原爵，而是等而下之，例如亲王适子为世子，仍袭亲王，余子封不入八分公。“世降一等”即始封者为亲王，其子袭封为郡王，再袭为贝勒，直至降为镇国公，以镇国公世袭。始封郡王者递降至辅国公，以辅国公世袭。旁支则降至奉恩将军世袭。由于宗室贵族日益增加，雍、乾年间对爵位的封授进行限制和调整，一些宗室成员被排除封授之列，成为闲散宗室，即无爵位宗室。有学者据清代皇族《玉牒》统计，闲散宗室人数远超封授爵位的人数。本书中没有标明封授爵位的宗室应属此种情况。

公主、格格的爵位与名号：固伦公主、和硕公主、和硕格格、多罗格格、固伦格格、格格。后金初年，汗与贝勒的女儿均称格格，无定制。崇德元年（1636），皇帝的女儿称为公主。一般皇后的女儿可被册封为固伦公主；妃嫔的女儿可被册封为和硕公主。格格则成为王公之女的专称。亲王之女，称为"和硕格格"；世子及郡王之女，称为"多罗格格"；多罗贝勒之女亦称为"多罗格格"；贝子之女称为"固伦格格"；镇国公、辅国公之女，称为"格格"。

与此同时，清朝对部分功勋卓著的满洲宗室亲王，实行世袭罔替制，即亲王与郡王子孙每代皆有一人按原爵位袭封，俗称"铁帽子王"。有清一代铁帽子王归属不同，清初定为八家，有睿亲王多尔衮、郑亲王济尔哈朗、礼亲王代善、豫亲王多铎、肃亲王豪格、庄亲王硕塞、顺承郡王勒克德浑（萨哈廉子）、克勤郡王岳托。到清末，"铁帽子王"增加至十二家。雍正朝增加怡亲王允祥；同治朝增加恭亲王奕䜣、醇亲王奕譞；宣统朝增加庆亲王奕劻。

本部分共收录了碑石一百二十四通，其中王公碑石一百一十通、公主碑石十四通。有宗室王公中的亲王、郡王、贝勒、贝子、镇国公、辅国公、奉恩将军等碑石；有努尔哈赤胞弟穆尔哈齐、舒尔哈齐的碑石；有"铁帽子王"或是"铁帽子王"的承袭者睿亲王多尔衮、礼亲王代善、肃亲王富寿（豪格之子）、顺承郡王勒克德浑、怡亲王允祥、恭亲王奕䜣、醇亲王奕譞、庆亲王奕劻的碑石。另外，值得注意的是康熙帝第十四子多罗恂郡王允禵的碑石，他因卷入夺嫡之争被监禁。乾隆十三年（1749），乾隆帝将允禵晋封郡王，应该说这是允禵的平反碑，与宗人府颂恩并赞睿忠亲王多尔衮昭雪碑如出一辙。

1. 追封多罗勇壮贝勒清巴图鲁穆尔哈齐墓碑

穆尔哈齐　爱新觉罗氏，塔克世次子。他骁勇善战，每有攻伐，必先登陷阵。万历十三年（1585），曾与兄努尔哈赤以四人击败敌八百人，因军功赐号“清巴图鲁”，汉译“诚毅”。天命五年（1620），因病去世，享年六十岁。努尔哈赤亲临其墓祭奠。顺治十年（1653），追封为多罗贝勒，谥号“勇壮”。园寝原址在赫图阿拉（今辽宁省新宾满族自治县永陵镇）。天命九年（1624），努尔哈赤将其祖、父及弟、子、侄，即穆尔哈齐、舒尔哈齐、褚英、大尔差等园寝迁至东京陵（今辽宁省辽阳市东京陵）。

穆尔哈齐墓碑　满汉文合璧，康熙十年（1671）立。今立于辽宁省辽阳市东京陵。

碑身

额题　满汉文“敕建”。

碑额

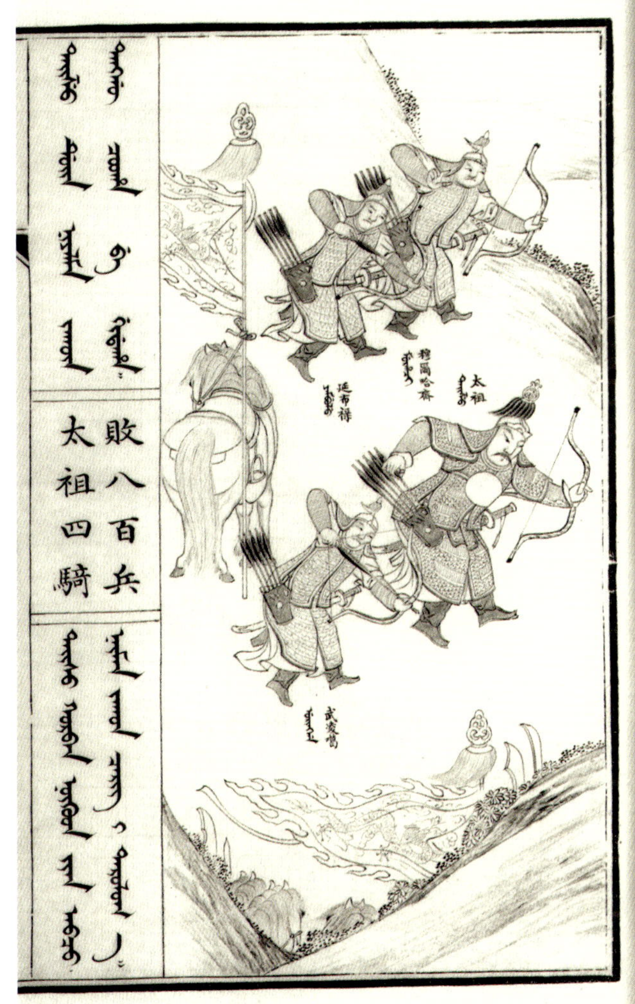

努尔哈赤、穆尔哈齐等四骑勇破敌兵八百战图　选自《满洲实录》。

穆尔哈齐、大尔差园寝宫门

穆尔哈齐墓与大尔差墓

穆尔哈齐伪康德二年（1935）墓碑（左）、穆尔哈齐康熙十年（1671）墓碑（中）、大尔差康熙十年墓碑（右）

2.“御赐”多罗诚毅勇壮贝勒穆尔哈齐墓碑

穆尔哈齐墓碑 汉文，伪康德二年（1935）立。今立于辽宁省辽阳市东京陵。

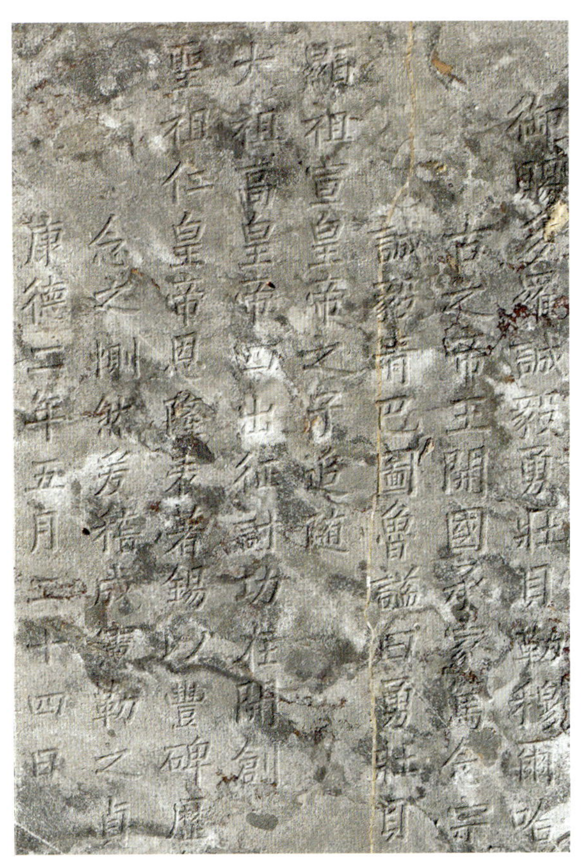

碑身局部

碑阴碑身局部

3. 追封辅国公谥刚毅大尔差墓碑

大尔差　亦写作达尔察，爱新觉罗氏，穆尔哈齐次子。天命九年（1624）去世。顺治十年（1653），追封辅国公，谥号“刚毅”。康熙十年（1671），敕建追封辅国公大尔差墓碑。

大尔差墓碑　满汉文合璧，康熙十年（1671）立。今立于辽宁省辽阳市东京陵。

额题　满汉文“敕建”。

碑额

碑身局部

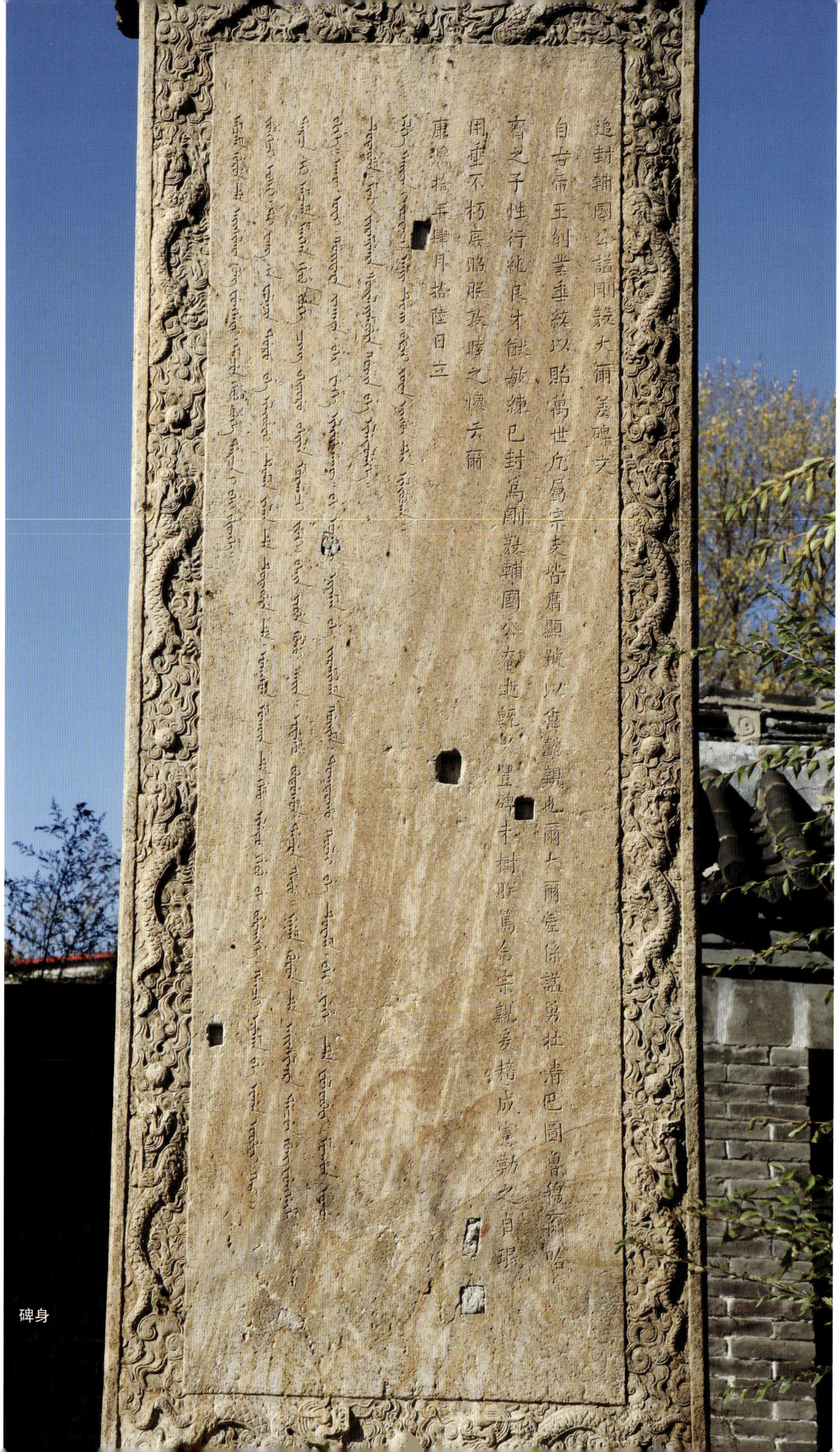
追封輔國公諡剛毅大爾塞碑文
自古帝王創業垂統以貽萬世凡屬宗支皆膺顯號以彰懿親也爾大爾塞係諡勇壯清巴圖魯穆爾哈
齊之子性行純良才猷敏練已封爲剛毅輔國公奄逝既以豐碑式樹朕篤念宗親爰稽成憲勒之貞珉
用埀不朽展昭朕敦睦之懷云爾
康熙拾年肆月拾陸日立
碑身

4. 奉恩将军哈格等捐资重建玉皇庙题名碑

哈格　爱新觉罗氏，大尔差四世孙博奇屯第四子。道光二年（1822），袭封奉恩将军并兼宗人府右翼佐领。光绪十五年（1889），去世。

哈格等捐资重建玉皇庙题名碑　汉文，咸丰元年（1851）立。原址在辽宁省辽阳市小南门外，今存辽宁省辽阳市博物馆。

碑阴

5. 奉国将军塞尔赫玉瓮亭诗碑

塞尔赫　爱新觉罗氏，字栗庵，号晓亭，又号北阡季子，满洲镶蓝旗。生于康熙十六年（1677），穆尔哈齐四世孙（穆尔哈齐第七子塔海孙）。康熙三十六年，袭封奉国将军。雍正五年（1727），授监察御史，历任都察院左副都御史、内阁学士、工部右侍郎、大理寺卿、仓场总督。乾隆十二年（1747），调任兵部右侍郎，未赴任即去世，享年七十一岁。塞尔赫亦是清初著名诗人，著有《晓亭诗钞》等作品。

塞尔赫玉瓮亭诗碑　汉文，乾隆年间。刻于北京市北海团城玉瓮亭东南角亭柱南面之上。

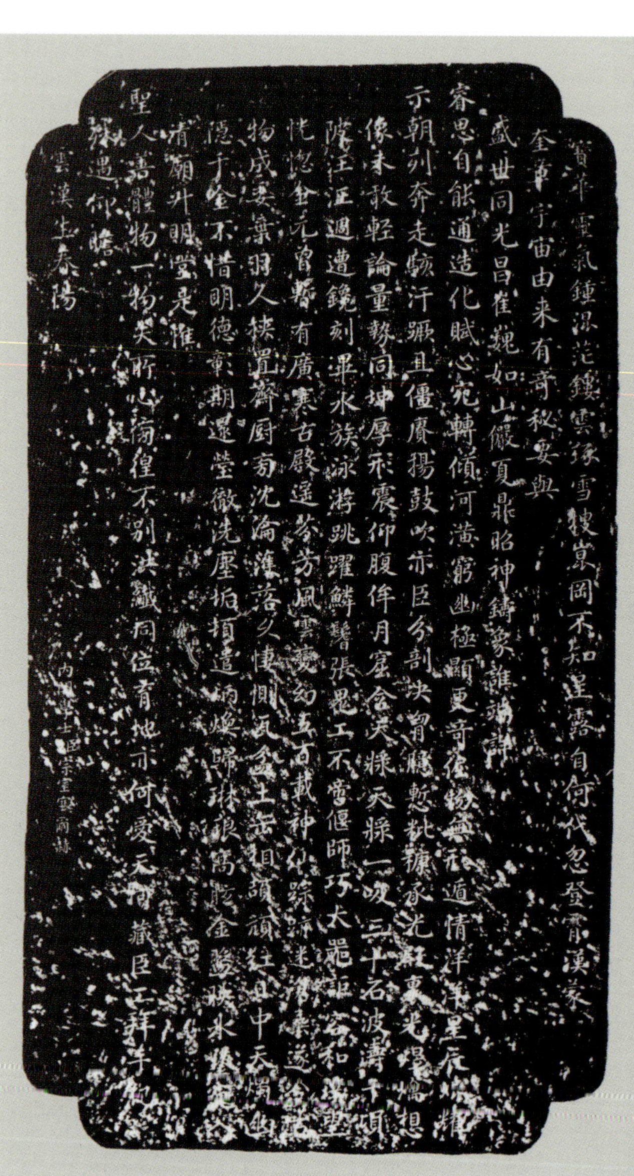

拓片　选自《北京图书馆藏中国历代石刻拓本汇编》，以下简称《拓本汇编》。

6. 加赠太子太保原任盛京将军宗室增海墓碑

增海　爱新觉罗氏，满洲正蓝旗，穆尔哈齐六世孙。康熙五十八年（1719），庶母贾氏所生。乾隆五年（1740），授三等侍卫，历任吉林、宁古塔副都统，广州、福州、伊犁、黑龙江将军。乾隆三十七年（1772），调任盛京将军，任内动用官银赎回民典旗地十二万余垧，其中部分交还旗人自行耕种，部分仍由原佃民人承种，以收取租赋，缓解八旗生计。三十八年，任上去世，时年五十五岁。诏以“历练老成，屡膺统辖重寄，办事实心”，追封太子太保，谥号“勤果”。

增海墓碑　满汉文合璧，乾隆三十九年（1774）立。今立于北京市朝阳区王四营焦化厂院内。

碑额

额题 满汉文“圣旨”。

碑身局部

7. 宗室富明撰文弥陀会碑

富明　爱新觉罗氏，穆尔哈齐子塔海七世孙。嘉庆二十三年（1818），嫡母乌苏氏所生。同治十三年（1874），以爱新觉罗氏宗室名义，为沈阳弥陀会碑撰写碑文。

富明撰文弥陀会碑　汉文，同治十三年（1874）立。今存辽宁省沈阳市法轮寺碑林。

碑额　额题汉文“百世流芳”。

碑身局部

拓片　选自《沈阳碑志》。

碑阴拓片　选自《沈阳碑志》。

碑阴

8. 庄达尔汉巴图鲁亲王舒尔哈齐墓碑

舒尔哈齐　亦写作速尔哈赤，爱新觉罗氏，塔克世第三子，努尔哈赤同母弟。初为贝勒，因有战功，赐号“达尔汉巴图鲁”。至万历二十三年（1595），已掌管精兵五千，战将四十余员，其间多次赴京向明朝进贡。初建四旗时，掌管蓝旗。后因临阵观战、袒护部将等因与努尔哈赤矛盾加深，努尔哈赤不再派其领兵参战。舒尔哈齐私自迁居黑扯木（今辽宁省清原满族自治县境内），努尔哈赤怒杀其二子，令其迁回。万历三十九年（1611）死于拘所，时年四十八岁。初葬赫图阿拉，后迁葬辽阳东京陵。顺治十年（1653），追封和硕庄亲王。

舒尔哈齐墓碑　满汉文合璧，顺治十一年（1654）立。今立于辽宁省辽阳市东京陵碑亭内。

额题　满汉文“敕建”。

碑额

碑身局部

碑身

碑座

园寝

墓碑碑亭

宝顶

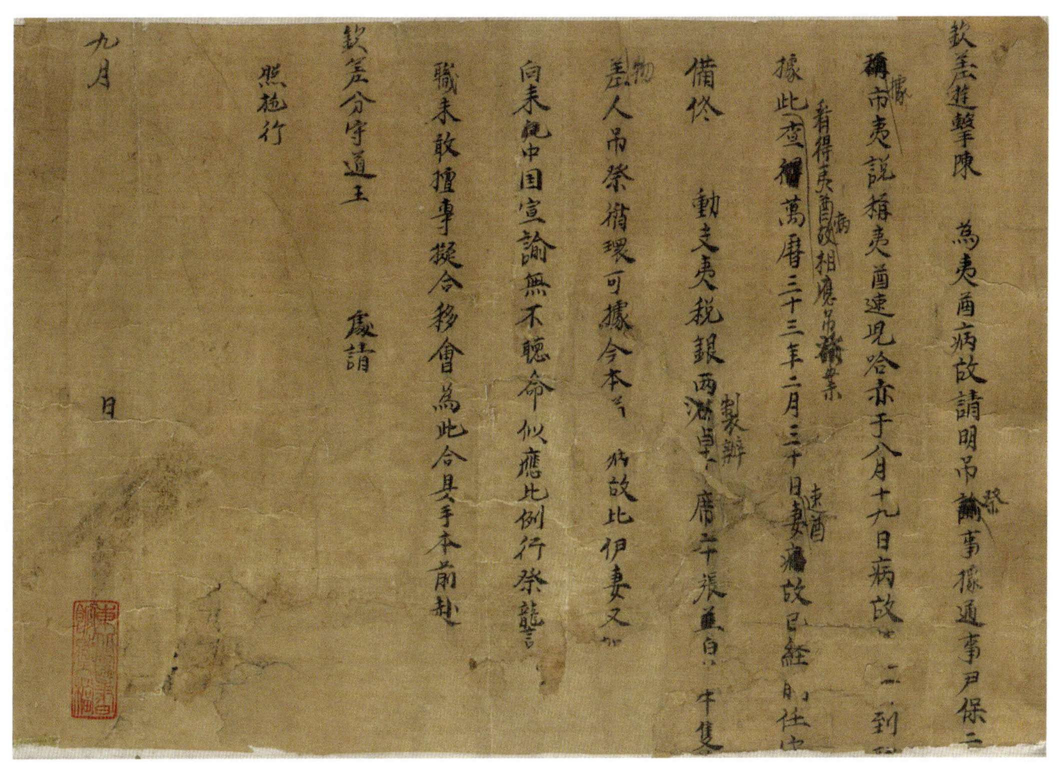

欽差進擊陳　為夷酋病故請明弔祭事據通事尹保二
稱市夷說稱夷酋速兒哈赤于八月十九日病故　二到
據此查得萬曆三十三年二月三十日妻速酋故已經
備倣　勳支夷税銀西湖巢二席二十張
差人弔祭猶環可據今本　病故比伊妻又
向來觀中国宣諭無不聽命似應比例行祭
職未敢擅事擬合移會為此合具手本前赴
欽差分守道王　處請
照施行
九月　日

明朝官员为吊祭舒尔哈赤病故奏文　明万历三十九年（1611）九月奏。今存辽宁省档案馆。

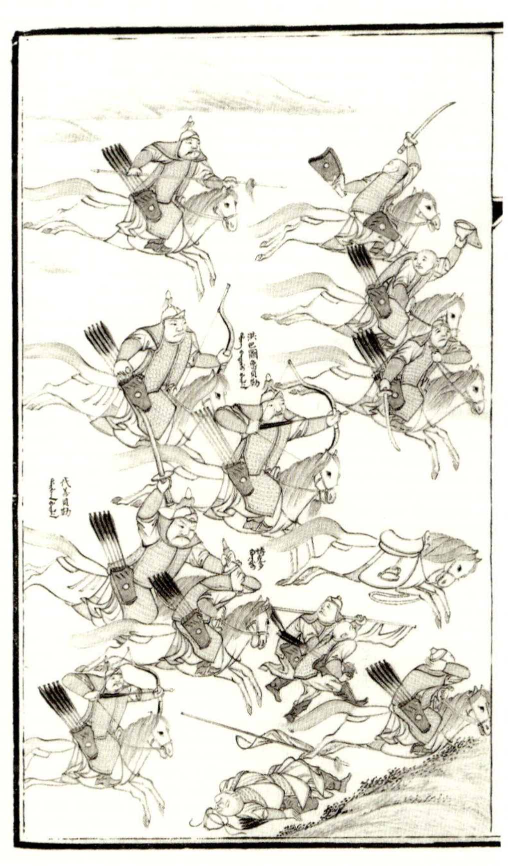

舒尔哈齐观战图　洪巴图鲁、代善贝勒战败乌拉兵，舒尔哈齐贝勒观战。选自《满洲实录》。

9. 和硕简亲王谥修雅布墓碑

雅布　爱新觉罗氏，舒尔哈齐第六子济尔哈朗次子济度第五子。康熙十一年（1672），封三等辅国将军。二十二年，袭简亲王。二十七年，赴苏尼特防御噶尔丹。二十九年，噶尔丹深入乌珠穆沁地，为安北大将军恭亲王常宁助手；出喜峰口后，又协助裕亲王福全管理军务；八月，击败噶尔丹于乌兰布通。事后，以噶尔丹遁未穷追，议罪，罚俸三年。三十五年，再从征噶尔丹。三十八年，掌宗人府事。四十年，去世，谥号“修”。

雅布墓碑　满汉文合璧，康熙四十二年（1703）立。原址在北京市丰台区樊家村，今存北京市房山区连山岗村。

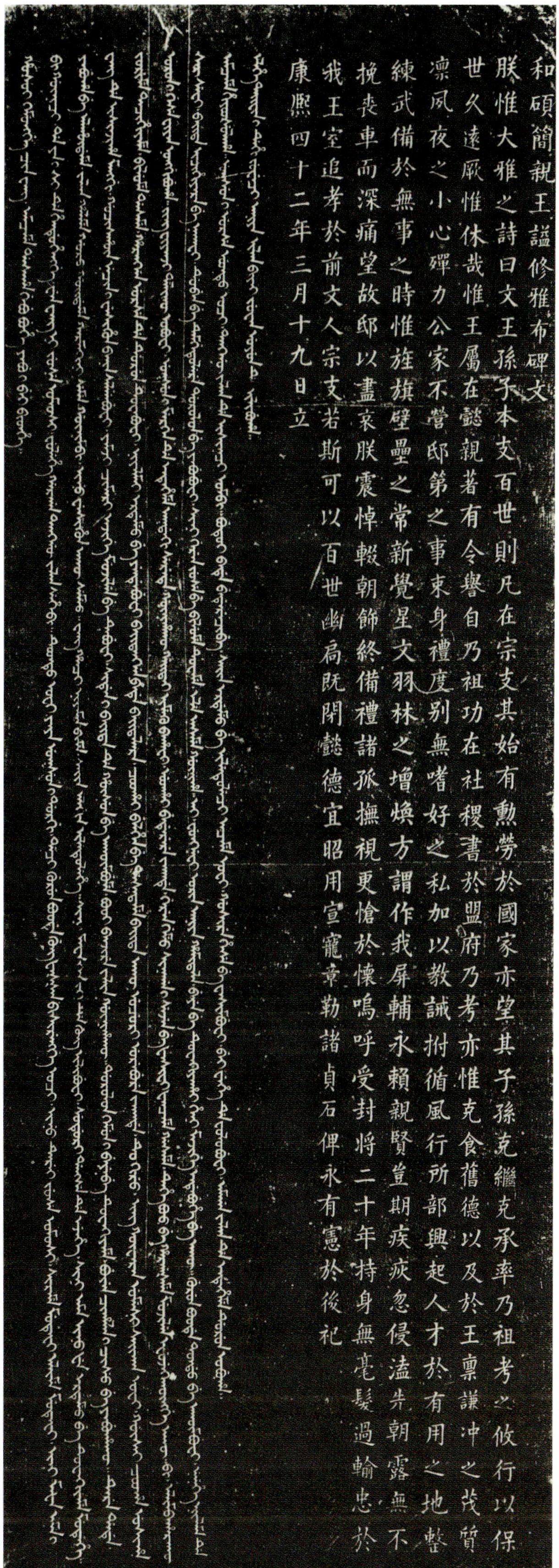

和碩簡親王謚修雅布碑文

朕惟大雅之詩曰文王孫子本支百世則凡在宗支其始有勳勞於國家亦望其子孫克繼克承率乃祖考之攸行以保世久遠厥惟休哉惟王屬在懿親著有令譽自乃祖功在社稷書於盟府乃考亦惟克食舊德以及於王稟謙沖之茂質凜夙夜之小心殫力公家不營邸第之事束身禮度别無嗜好之私加以教誡拊循風行所部興起人才於有用之地整練武備於無事之時惟旌旗壁壘之常新覺星文羽林之增煥方謂作我屏輔永賴親賢豈期疾疢忽侵溘先朝露無不挽喪車而深痛望故邸以盡哀朕震悼輟朝飾終備禮諸孫撫視更愴於懷嗚呼受封將二十年持身無毫髮過輸忠於我王室追孝於前文人宗支若斯可以百世幽扃既閟懿德宜昭用宣寵章勒諸貞石俾永有憲於後祀

康熙四十二年三月十九日立

碑身

拓片 选自《拓本汇编》。

碑额

额题 满汉文“敕建”。

连山岗石刻园

和碩簡親王諡修雅布碑文
朕惟大雅之詩曰文王孫子本支百世則凡在宗支其始有
世久遠厥惟休哉惟王屬在懿親著有令譽自乃祖功在社
凛夙夜之小心殫力公家不營邸第之事束以禮度別無嗜
練武備於無事之時惟旌旗壁壘之常新見星文弧[illegible]之增
悅衷中而深痛遂啟邸以盡哀朕懷悼輟朝飾終備禮諸孫
我王室追孝於前文人宗支若斯可以百世幽扃既閑懿德
康熙四十二年三月十九日立

碑身局部

10. 奉恩将军廉桂捐资卧鹿山石庙效圣寺题名碑

廉桂　爱新觉罗氏，雅布第九子武格四世孙。乾隆三十七年（1772），袭奉恩将军。道光三年（1823），曾任岫岩城守尉。四年，去世。

廉桂捐资卧鹿山石庙效圣寺题名碑　汉文，道光三年（1823）立。今立于辽宁省岫岩满族自治县卧鹿山石庙效圣寺山门外。

碑额 额题汉文“百世流芳”。

碑阴碑额 额题汉文“永垂千古”。

卧鹿山石庙

石庙效圣寺

11. 奉国将军廉至等捐施重修关帝庙题名碑

廉至　爱新觉罗氏，济尔哈朗第四子巴尔堪六世孙。道光十二年（1832），封三等奉国将军。咸丰四年（1854），任盖州城守尉。十年，调任察哈尔副都统。同治五年（1866），去世。

廉至等捐施重修关帝庙题名碑　汉文，咸丰八年（1858）立。原址在原盛京奉天府盖州城东门里道北，今存辽宁省盖州市文物管理所。

碑额　额题汉文“圣旨”。

碑身局部

碑身

12. 宗室佑善等重修复州城题名碑

佑善　爱新觉罗氏，济尔哈朗第四子巴尔堪七世孙。道光十四年（1834），嫡母萨克达氏所生。咸丰四年（1854），捐输赏给二等侍卫。同治十一年（1872），授侍卫什长。光绪十七年（1891），授复州城守尉。十九年，调补凤凰城守尉。二十年，因罪革职。

佑善等重修复州城题名碑　汉文，光绪十七年（1891）立。今立于辽宁省瓦房店市复州文庙院内。

碑额 额题汉文“重修州城碑记”。

碑身局部

13. 固山贝子谥惠献福喇塔墓碑

福喇塔　亦作傅喇塔，爱新觉罗氏，舒尔哈齐第八子靖定贝勒费扬武第四子。生于天命十年（1625）。顺治二年（1645），封辅国公。六年，晋贝子。十六年，以朝参失仪降辅国公。十八年，复爵。康熙十三年（1674），耿精忠反叛，以宁海将军协助康亲王杰书平叛。十五年，杰书兵围温州，福喇塔率师攻处州等，击败耿精忠部将，与杰书会师于衢州；九月，入福建，耿精忠投降，收复浙江；十一月，死于军中，时年五十一岁。回京安葬，赐祭典，谥号“惠献”。乾隆初年，先后入祀浙江和福建贤良祠。

福喇塔墓碑　满汉文合璧，康熙十七年（1678）立。今存北京市门头沟区博物馆。

碑额　额题满汉文“敕建”。

固山貝子謚惠獻福喇塔碑文
惟稽古選建懿親作屏王室罔不在
乃輔國公偏俄之子念係宗室俾仍
毓之衆風行驄駱之餘乃禮未畢于
爰旌殊績以易厥名特賜謚曰惠獻
康熙十七年八月十六日

碑身局部

14. 广略贝勒褚英墓园碑

褚英　爱新觉罗氏，努尔哈赤长子。他智勇兼备，从父征战，战功显赫。万历二十六年（1598），统兵往征瓦尔喀安楚拉库，因功赐号“洪巴图鲁”，封贝勒。初建四旗时掌管白旗。三十五年（1607），与乌拉贝勒布占泰大战于乌碣岩，大获全胜，努尔哈赤表彰其英勇，赐号“阿尔哈图土门”（汉译“广略”）。四十年（1612），努尔哈赤命其管理国政，但因不能恤众，为诸弟及五大臣告发。次年，又以诅咒父汗及诸弟，被幽禁。四十三年，死于禁所，年仅三十六岁。

褚英墓园碑　汉文，现代立。今立于辽宁省辽阳市东京陵。

墓园

满洲實錄

太祖所托不隨兩貝勒進
書納齊布二將負
為古英巴圖魯常
戰殺博克多賜名
代善與兄併力進
為阿爾哈圖土門
英奮勇當先賜名
達爾漢巴圖魯褚
太祖賜弟舒爾哈齊名為

二七三

太祖赐褚英名号 选自《满洲实录》。

宝顶

大王褚英、四王皇太极克义州图 选自《满洲实录》。

15. 多罗安平贝勒杜度墓碑

杜度　爱新觉罗氏，满洲镶红旗。努尔哈赤孙，褚英长子。天命九年（1624），随从代善迎护归降后金的蒙古喀尔喀部恩格德尔等后，授封贝勒。天聪元年（1627），从阿敏等征朝鲜，遵皇太极命，力主议和退兵。崇德元年（1636），封安平贝勒。多次参加对明战争，屡立战功。七年，病逝于军中，时年四十六岁。雍正元年（1723）十二月，立碑表彰其功。

杜度墓碑　满汉文合璧，雍正元年（1723）立。原址在辽宁省本溪市响山子东山，今立于本溪市碑林杜度祠。

多羅安平貝勒杜度碑文
朕惟國家誼篤懿親情殷惇睦顯爵之畀既須准於生前寵錫之加更垂恩於身後凡以重一本厚宗盟
與至渥焉爾多羅安平貝勒杜度派衍銀潢書流玉葉揚武閫外夙著克敵之功宣力師中允協維城之
義且職司夫禮教因志勵乎寅清追爾勳猷宜加恩眷特循曠典聿彰眷舊之情丕布新綸庸備飾終之
禮式循彝憲建樹豐碑嗚呼鴻文煥赫賁泉壤以增光寶命輝煌睠松楸而生色永垂奕禩用誌寵榮
雍正元年十二月初三日立

碑身

16. 多罗悫厚贝勒杜尔户墓碑

杜尔户　亦写作杜尔祜，爱新觉罗氏，杜度长子。初封辅国公。崇德六年（1641），参与征明，围松山、锦州有功。后因事降袭镇国公；又以对告发者不满，革去爵位，除宗室籍。顺治元年（1644），随多铎南征有功。二年，复封辅国公，入宗室籍。七年，随济尔哈朗平定广西。八年，晋封多罗贝勒。九年，任议政大臣。十二年（1655），去世，年仅四十一岁，谥号“悫厚”。

杜尔户墓碑　满汉文合璧，顺治十四年（1657）立。原址在北京市海淀区羊坊店，今存北京石刻艺术博物馆。

额题 满汉文“敕建”。

碑额

碑身局部

碑身

17. 原任镇国公追封固山贝子谥温恪准达墓碑

准达　爱新觉罗氏，杜尔户第八子。康熙六年（1667），封固山贝子。十三年，率师赴湖广，助勒尔锦讨吴三桂。十六年，授宗人府右宗正，仍在军前。十九年，转左宗正，授荡寇将军。二十年，以疏报军机失误，降镇国公，并解左宗正任。二十二年，授蒙古镶红旗都统。五十六年，复任宗人府右宗正。六十一年，因病解任。雍正四年（1726），病故，享年七十三岁。追封贝子，谥号“温恪”。

准达墓碑　满汉文合璧，雍正五年（1727）立。今立于北京市海淀区万寿宾馆院内。

碑身

碑额　额题满汉文“敕建”。

碑座

18. 和硕敬谨亲王尼堪墓碑

尼堪　爱新觉罗氏，满洲镶红旗。褚英第三子。崇德元年（1636），封固山贝子，多历战事。顺治元年（1644），从多尔衮进关击败李自成农民军，晋封多罗贝勒。三年，随豪格往四川追剿张献忠部。五年，回师，晋封多罗敬谨郡王。六年，授定西大将军，围攻大同姜瓖，多有战绩。后晋封为亲王。八年，因事降为郡王，又复封亲王。曾先后掌管礼部和宗人府事。九年，授定远大将军，南征李定国部，至湖南衡山遇袭身亡，年仅四十二岁。谥号“庄”，称敬谨庄亲王。

尼堪墓碑　满汉文合璧，顺治十二年（1655）立。今立于北京市房山区东甘池村。

碑身

碑额 额题满汉文“敕建”。

碑座

勢窮力竭方行就撫大逆罪在不赦應俱斬
以徇從之○河南巡撫吳景道疏報開封等
府共墾荒田一萬二千二百五十頃有奇○
宴朝鮮國王貢鷹太監史成序等於禮部○

父拜他喇布勒哈番令伊弟胡穆齊襲之○
庚辰定遠大將軍和碩敬謹親王尼堪靈櫬
自湖南回京命和碩親王以下二品官以上
出郭十里迎既至

世祖章皇帝實錄 卷七十八 十三

上欲親臨其喪諸王大臣以彼地出痘力諫乃
止○命三法司凡審擬死罪議同者合具看
語不同者各具看語奏聞永著為例○同安
侯鄭芝龍奏言前命招撫逆弟鴻逵逆子成
功臣即遣人貽書宣傳

致仕太子太保都察院左都御史房可壯卒
○甲申喀爾喀部落土謝圖汗下索諾額爾
德尼遣阿顏齊等貢駝馬宴賚如例○起用
原任太僕寺少卿曹溶戶科右給事中劉鴻
儒吏科給事中林起龍為原官○工科給事

尼堪灵柩回京情景 顺治十年（1653）十月十八日，尼堪灵柩自湖南回京，王公大臣到京郊迎接。选自《清世祖实录》。

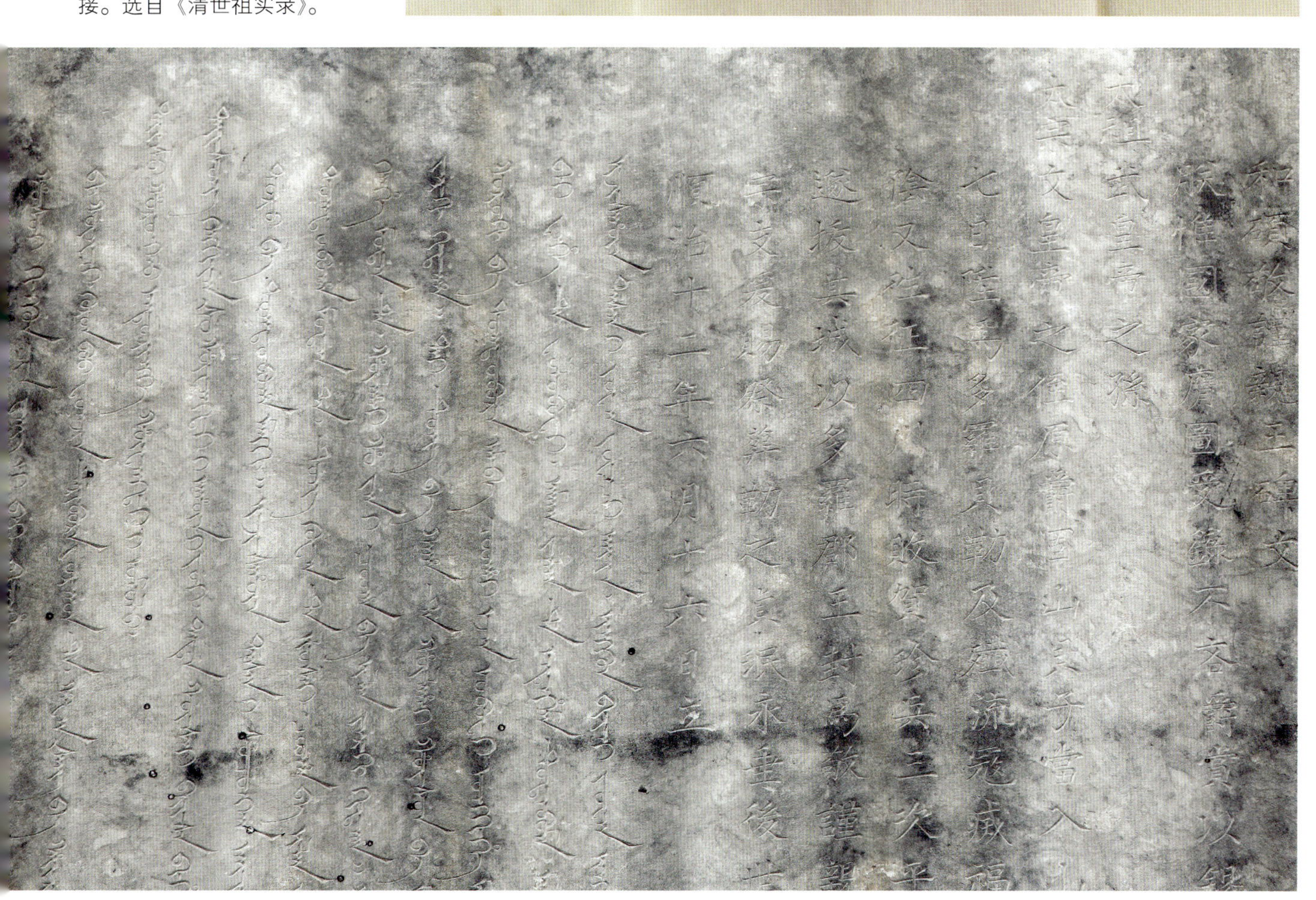

碑身局部

19. 和硕敬谨亲王尼思哈墓碑

尼思哈　爱新觉罗氏，和硕敬谨亲王尼堪次子。顺治十年（1653），袭敬谨亲王。碑文称其“方在稚龄，蚤袭王爵”。十七年，尼思哈病故，年仅八岁，谥号“悼”。其后，尼堪长子兰布承袭亲王爵位。

尼思哈墓碑　满汉文合璧，顺治十八年（1661）立。今立于北京市房山区东甘池村。

碑座

碑额　额题满汉文“敕建”。

碑身局部

20. 和硕礼亲王谥烈代善墓碑（碑阴乾隆御制诗碑）

代善　爱新觉罗氏，满洲正红旗。努尔哈赤次子，褚英同母弟。年少时即随父兄为统一女真诸部而战。初建四旗时掌红旗。万历三十五年（1607），因统兵击败乌拉部，赐号“古英巴图鲁”。万历四十一年（1613），随努尔哈赤出兵，攻取乌拉城。天命元年（1616），封和硕贝勒，参与国政，为清初“四大贝勒”之一，以序称大贝勒。十一年，皇太极即汗位，仍领满洲两红旗，历经攻明朝、征朝鲜、剿察哈尔林丹汗等战事。崇德元年（1636），初封宗室，尊封和硕兄礼亲王。顺治五年（1648），病故，享年六十六岁。赐祭葬，立碑纪功。康熙十年（1671），追封谥号“烈”。清初八个铁帽子王之一，子孙世袭罔替。

代善墓碑　满汉文合璧，康熙十一年（1762）立。原址在北京市海淀区门头沟村，今立于北京市植物园碑林。

碑身

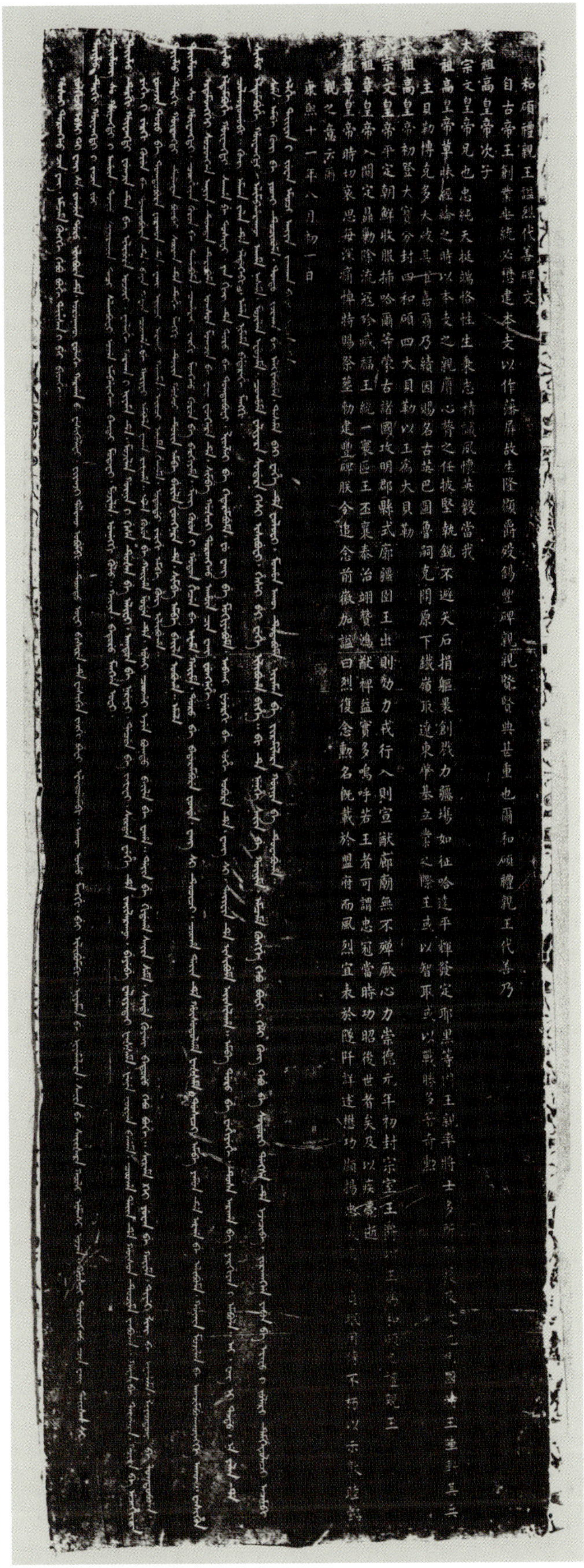

和碩禮親王謚烈代善碑文
自古帝王創業垂統必隆建本支以作藩屏故生隆顯爵歿錫豐碑親親賢賢典甚重也爾和碩禮親王代善乃
太祖高皇帝次子
太宗文皇帝兄也忠純天挺端恪性生秉志精誠風懷英毅當我
太祖高皇帝草昧經綸之時以本支之親膺心膂之任披堅執銳不避矢石捐軀裹創戮力疆埸如征哈達平輝發定耶黑等國王親率將士多所[illegible]
主貝勒博克多大破其[illegible]嘉爾乃績因賜名古英巴圖魯洞克開原下鐵嶺取遼東肇基立業之際王或以智取或以戰勝多著奇勳
太祖高皇帝初登大寶分封四和碩四大貝勒以王為大貝勒
太宗文皇帝平定朝鮮收服插哈爾等蒙古諸國攻明郡縣式廓疆圉王出則勠力戎行入則宣猷廊廟無不殫厥心力崇德元年初封宗室王爵以王為和碩禮親王
世祖章皇帝入關定鼎勤除流寇殄滅福王統一寰區王丕襄泰治翊贊鴻猷裨益實多嗚呼若王者可謂忠冠當時功昭後世者矣及以疾薨逝
世祖章皇帝時切哀思每深痛悼特賜祭葬勅建豐碑朕今追念前徽加謚曰烈復念勳名既載於盟府而風烈宜表於隧阡詳述懋功顯揚忠[illegible]貞珉用傳不朽以示[illegible]
親之意云爾
康熙十一年八月初一日

拓片　选自《拓本汇编》。

北京市植物园碑林　图中后排左起第三通碑是代善墓碑，第四通碑是祜塞墓碑。

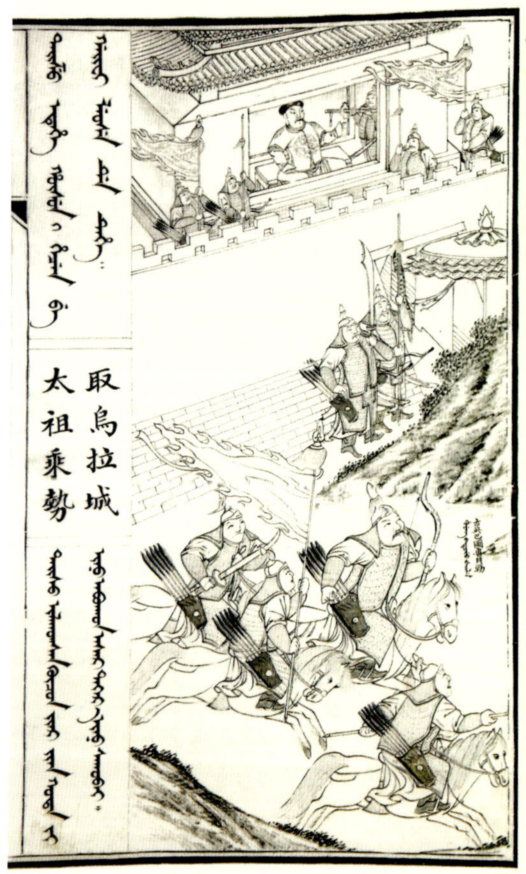

太祖乘势取乌拉城图　图中描绘代善随同努尔哈赤夺取乌拉城，布占泰仓皇逃遁的场景。选自《满洲实录》。

碑阴 镌刻有乾隆四十三年（1778）满汉文合璧的乾隆帝御笔诗一首，诗中抒发了对代善的缅怀之情。

21. 追封和硕颖亲王谥毅萨哈廉墓碑

萨哈廉　亦写作萨哈璘，爱新觉罗氏，代善第三子。天命末年，因功授贝勒。天聪年间，在出征蒙古、掠夺明边、安抚归降汉人中崭露头角。五年（1631），提出“图治在人”的主张；同年，掌管礼部。萨哈廉通晓满蒙汉三种文字。九年，率多尔衮、岳托、豪格等降俘察哈尔林丹汗子额哲；年底，疏请上尊号，皇太极欣然接受，并视萨哈廉为心腹，依靠他辅助国政。崇德元年（1636），因病去世，年仅三十二岁。皇太极辍朝三日，亲临祭奠，追封为和硕颖亲王。康熙十年（1671），追加谥号“毅”。

萨哈廉墓碑　满汉文合璧，康熙十一年（1672）立。原址在辽宁省本溪市东坟，今存本溪市碑林。

碑身局部

碑额 额题难以辨认。

碑座

碑亭

22. 多罗恭惠郡王棱德弘墓碑

棱德弘　又称勒克德浑，爱新觉罗氏，萨哈廉次子。崇德八年（1643），因其兄阿达礼谋立多尔衮，勒克德浑受牵连，被除宗室籍，贬为庶人。顺治元年（1644），复宗室籍，封多罗贝勒。二年，命为平南大将军驻江宁（今江苏南京），三战杭州，两出湖广，屡挫南明军及大顺军余部。五年，晋封多罗顺承郡王。七年，任议政大臣。八年，掌管刑部。九年，去世，年仅三十三岁。康熙十年（1671），追加谥号“恭惠”。为清初八个铁帽子王之一，子孙世袭罔替。

棱德弘墓碑　满汉文合璧，顺治十二年（1655）立。今立于北京市房山区西甘池村。

碑额

额题　满汉文“敕建”。

碑座

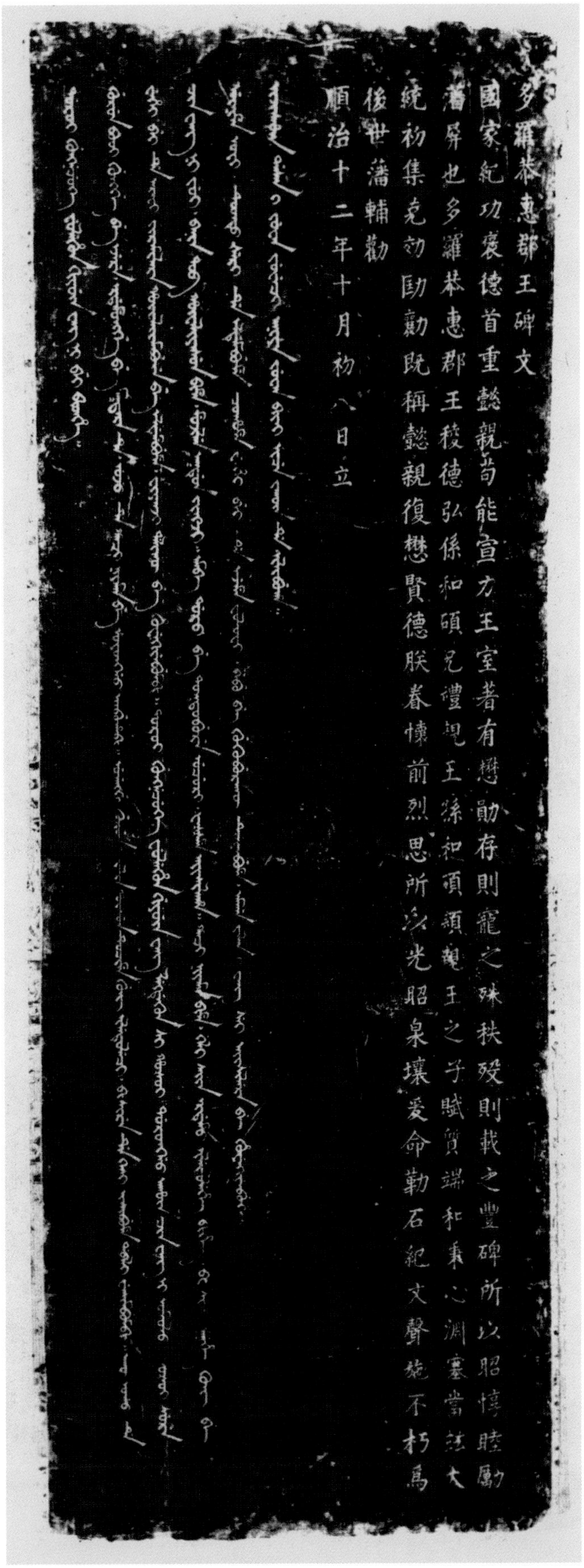

多羅恭惠郡王碑文

國家紀功褒德首重懿親苟能宣力王室著有懋勛存則寵之殊秩歿則裁之豐碑所以昭惇睦勵藩屏也多羅恭惠郡王稜德弘係和碩兄禮親王孫和碩穎親王之子賦質端和秉心淵塞當茲大統初集克効勛勤既稱懿親復懋賢德朕眷懷前烈思所以光昭泉壤爰命勒石紀文聲施不朽爲後世藩輔勸

順治十二年十月初八日立

拓片　选自《拓本汇编》。

碑身

23. 多罗顺承郡王谥忠诺罗布墓碑

诺罗布　爱新觉罗氏，棱德弘第三子。初授头等侍卫。康熙三十八年（1699），任汉军镶黄旗副都统，后调任满洲镶蓝旗副都统。四十年，兼理右翼前锋统领。四十二年，授杭州将军。五十四年，袭多罗顺承郡王。五十六年，去世，享年六十八岁，谥号“忠”。

诺罗布墓碑　满汉文合璧，康熙五十七年（1718）立。今立于北京市房山区西甘池村。

碑额

额题　满汉文“敕建”。

棱德弘家族园寝宝顶

棱德弘（左）和诺罗布（右）父子墓碑

碑身局部（上）

碑身局部（下）

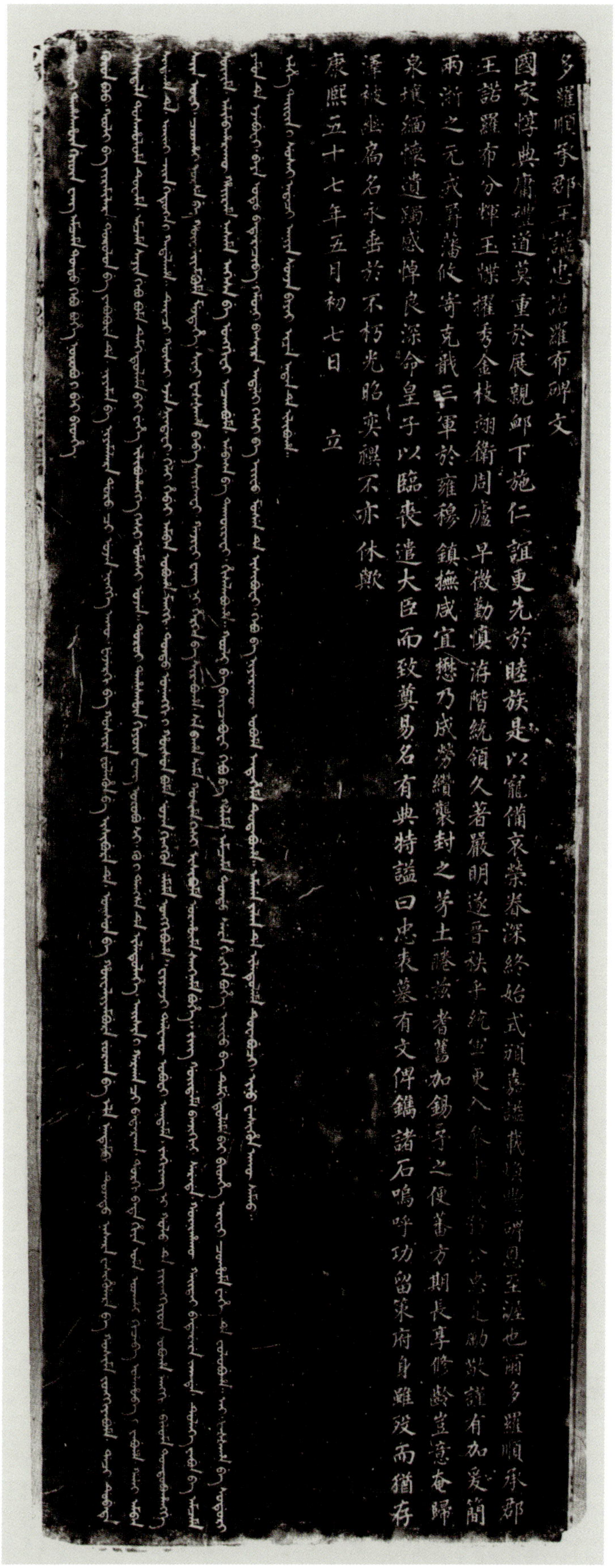

多羅順承郡王諡忠諾羅布碑文

國家惇典庸禮道莫重於展親卹下施仁誼更先於睦族是以寵備哀榮眷深終始式頒嘉諡載煥豐碑恩至渥也爾多羅順承郡王諾羅布分輝王牒擢秀金枝翊衛周廬早徵勤慎游階統領久著嚴明遂晉秩乎統[illegible]更入參乎[illegible]務[illegible]忠克勵敬謹有加爰簡兩浙之元戎屏藩攸寄克戢三軍於雍穆鎮撫咸宜懋乃成勞纘襲封之茅土膺旗耆舊加錫予之便蕃方期長享修齡豈意奄歸泉壤緬懷遺躅感悼良深命皇子以臨喪遣大臣而致奠易名有典特諡曰忠表墓有文俾鐫諸石嗚呼功留策府身雖歿而猶存澤被幽扃名永垂於不朽光昭奕禩不亦休歟

康熙五十七年五月初七日　立

拓片　选自《拓本汇编》。

24. 多罗顺承郡王泰斐英阿墓碑

泰斐英阿　爱新觉罗氏，诺罗布曾孙。乾隆九年（1744），泰斐英阿袭顺承郡王爵。十三年，任宗人府右宗正。十五年，掌管镶红旗觉罗学。十九年，任左翼前锋统领，不久调任汉军正黄旗都统。二十一年，转左宗正；同年，去世，年仅二十九岁，谥号“恭”。

泰斐英阿墓碑　满汉文合璧，乾隆二十一年（1756）立。今立于北京市房山区二龙岗村。

侧面

碑额　额题满汉文“铭赐”。

碑身局部

碑身

25. 奉恩将军伦恭等赞重修弥陀寺碑

伦恭　爱新觉罗氏，泰斐英阿次子恒龄的第三子。嘉庆十一年（1806），袭封奉恩将军。道光年间，曾任岫岩、开原、辽阳城守尉，密云副都统。咸丰八年（1858），因事革职。

伦恭等赞重修弥陀寺碑　汉文，道光二十年（1840）立。原址在辽宁省辽阳市东京城弥陀寺内，今存辽阳市博物馆。

26. 多罗顺承郡王谥简伦柱墓碑

伦柱　爱新觉罗氏，泰斐英阿第四子顺承郡王恒昌的长子。乾隆五十一年（1786），袭顺承郡王爵，系该王府第十一次袭王爵。道光三年（1823），去世，时年五十岁，谥号“简”。

伦柱墓碑　满汉文合璧，道光四年（1824）立。今立于北京市房山区西甘池村。碑座赑屃头部卡在民房院墙之中。

额题 满汉文“敕建”。

碑额

侧面

碑身局部

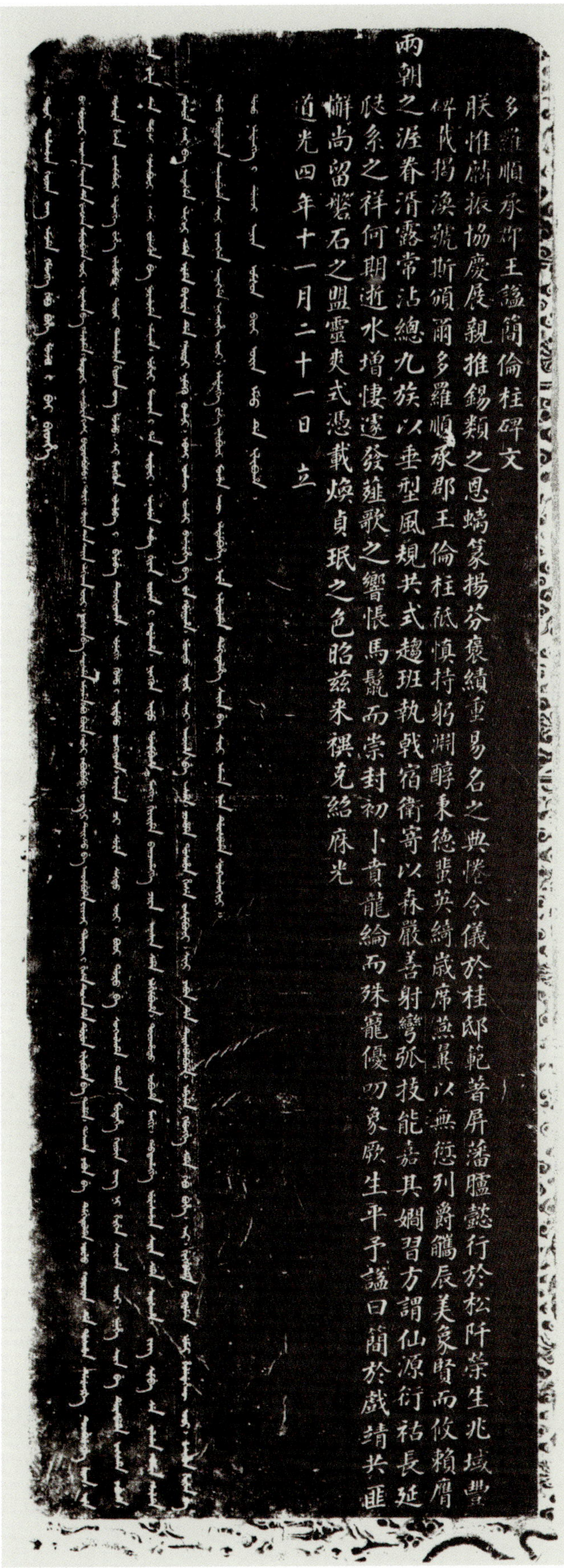

多羅順承郡王謚簡倫柱碑文

朕惟麟振協慶展親推錫類之恩螭篆揚芬褒績重易名之典懋令儀於桂邸範著屏藩臚懿行於松阡榮生兆域豐碑[illegible]揭渙號斯頒爾多羅順承郡王倫柱祇慎持躬淵醇秉德蜚英綺歲席燕巢以無愆列爵鐫辰美象賢而攸賴膺兩朝之渥眷湑露常沾總九族以垂型風規共式趨班執戟宿衛寄以森嚴善射彎弧技能嘉其嫺習方謂仙源衍祜長延瓞系之祥何期逝水增悽遽發薤歌之響悵馬鬣而崇封初卜貴龍綸而殊寵優卹象欣生平予謚曰簡於戲靖共匪懈尚留鐫石之盟靈爽式憑載煥貞珉之色昭茲來禩克紹庥光

道光四年十一月二十一日 立

拓片 选自《拓本汇编》。

碑侧面局部

27. 镇国将军春英关帝庙题名碑

春英　爱新觉罗氏，满洲正红旗。伦柱第十子。道光九年（1829），袭封三等镇国将军，赏三等侍卫，历任侍卫领班、头等侍卫。二十九年，由蒙古正红旗副都统授复州城守尉。咸丰元年（1851），调任乌鲁木齐都统。五年，调任岫岩城守尉。八年，晋见皇帝。十年，授凉州副都统。同治元年（1862），去世，时年五十六岁。

春英关帝庙题名碑　汉文，咸丰五年（1855）立。原址在辽宁省岫岩满族自治县县城关帝庙内，今立于岫岩满族自治县松树秧村卧鹿山石庙碑林中。碑中记载，咸丰五年正月，岫岩官兵二百一十名，奉命跟随僧格林沁破太平北伐军于连镇。他们认为，此战取胜虽有僧格林沁的尽忠勤劳，也有在破敌前，曾在关帝庙前盟过誓，而受到关帝神灵相助的结果。由此立碑铭记。

卧鹿山石庙

碑阴

28. 二等辅国将军谦禧书丹避暑山庄宫墙泊岸堆拨仓廒暨武烈河堤坝各工程重修记碑

谦禧　爱新觉罗氏，满洲正红旗。春英长子。咸丰七年（1857），封三等辅国将军。同治二年（1863），晋袭二等辅国将军。光绪十四年（1888），时任钦命头品顶戴管理热河等处地方都统并加三级军功、加一级记录二十次，赐号“奇成额巴图噜”。十六年，去世。

谦禧书丹避暑山庄宫墙泊岸堆拨仓廒暨武烈河堤坝各工程重修记碑　汉文，光绪十四年（1888）立。今存河北省承德市避暑山庄碑林。

碑身

29. 多罗贝勒谥怀愍常阿岱墓碑

常阿岱　爱新觉罗氏，代善第七子巽亲王满达海长子。顺治九年（1652），袭封巽亲王。十六年，追究其父满达海在多尔衮死后，夺取多尔衮所遗财物；并在掌吏部时，不能制止尚书谭泰骄纵，满达海被削去爵位与谥号。常阿岱因此受到牵连，降爵为贝勒。以多罗郡王杰书袭其祖代善亲王爵。康熙四年（1665），去世，谥号“怀愍”。

常阿岱墓碑　满汉文合璧，康熙五年（1666）立。今立于北京市海淀区西山骨灰林门前广场。

碑额

额题　满汉文“诰封”。

拓片　选自《拓本汇编》。

碑身 碑文左为汉文，右为满文，与多数碑左满文，右汉文不同。其后此种情况不再说明。

30. 奉恩将军普政牛心山娘娘庙题名碑

普政　爱新觉罗氏，常阿岱三世孙，巴萨尔长子。乾隆二十三年（1758），袭封奉恩将军。二十四年，因事革退。四十年，曾任凤凰城城守尉兼奉恩将军。四十三年，调任三姓副都统。

普政牛心山娘娘庙题名碑　汉文，乾隆四十年（1775）立。今立于辽宁省本溪满族自治县黑峪村娘娘庙大殿下右侧。

碑额 额题汉文“永垂万代”。此碑额摆放在大殿前，经分析判断应是普政牛心山娘娘庙题名碑碑额。

碑身局部

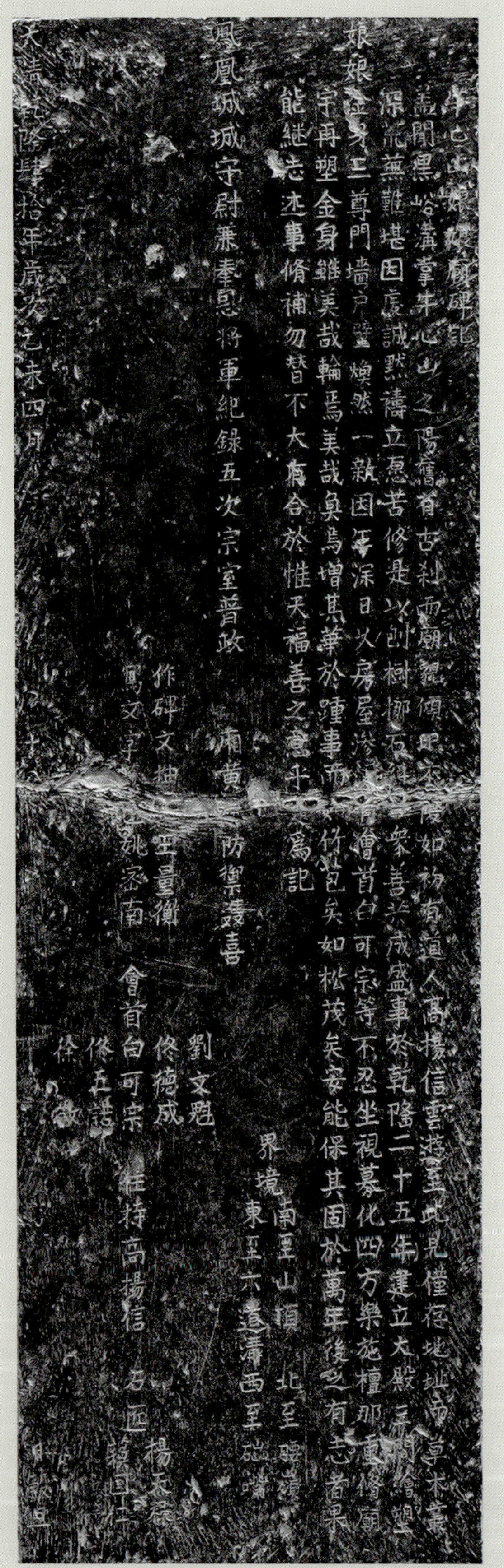

拓片 选自《本溪碑志》。

31. 奉旨追封和硕惠顺亲王祜塞墓碑

祜塞　爱新觉罗氏，代善第八子。顺治三年（1646），封镇国公；同年，去世，年仅十九岁。十年，因其子杰书晋爵为多罗郡王，而追封祜塞为多罗郡王，赐谥号“惠顺”。十六年，杰书又晋封为和硕亲王。康熙元年（1662），又追封祜塞为惠顺亲王，可谓是父以子贵。

祜塞墓碑　汉满蒙文合璧，康熙元年（1662）立。原址在北京市海淀区门头沟村，今立于北京市植物园内碑林。

碑身

碑题　汉文、满文、蒙古文“敕立惠顺王墓碑”。

碑额

碑身局部

32. 和硕康亲王谥良杰书墓碑

杰书　爱新觉罗氏，祜塞第三子。顺治六年（1649），袭封多罗郡王，赐号“康”。十六年，袭巽亲王爵，改号康亲王。康熙十三年（1674），授为奉命大将军，率师讨耿精忠，连克数城，耿精忠投降。十五年，领军入福州，平定东南沿海。十九年，率师回京，康熙帝亲率诸王大臣至卢沟桥迎接，行抱见礼，以示慰问。二十九年，率兵出张家口，屯归化城，防御噶尔丹侵扰。三十六年，去世，时年五十三岁，谥号“良”。

杰书墓碑　满汉文合璧，康熙三十九年（1700）立。今立于北京市海淀区门头沟村。

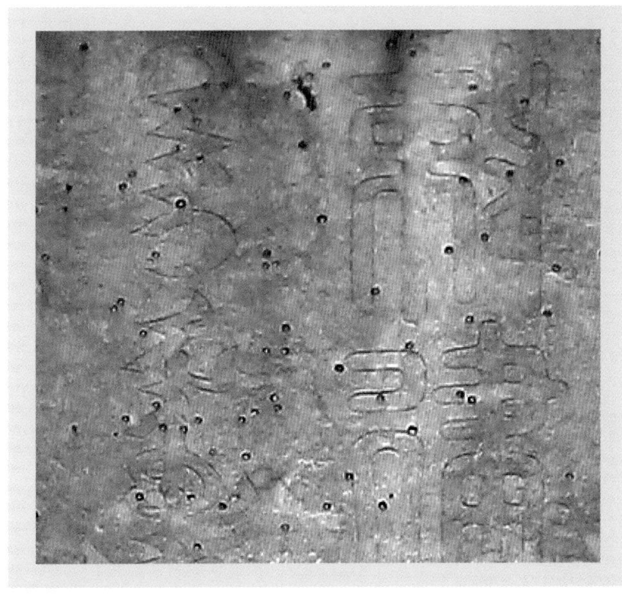

额题　满汉文“敕建”。

碑额

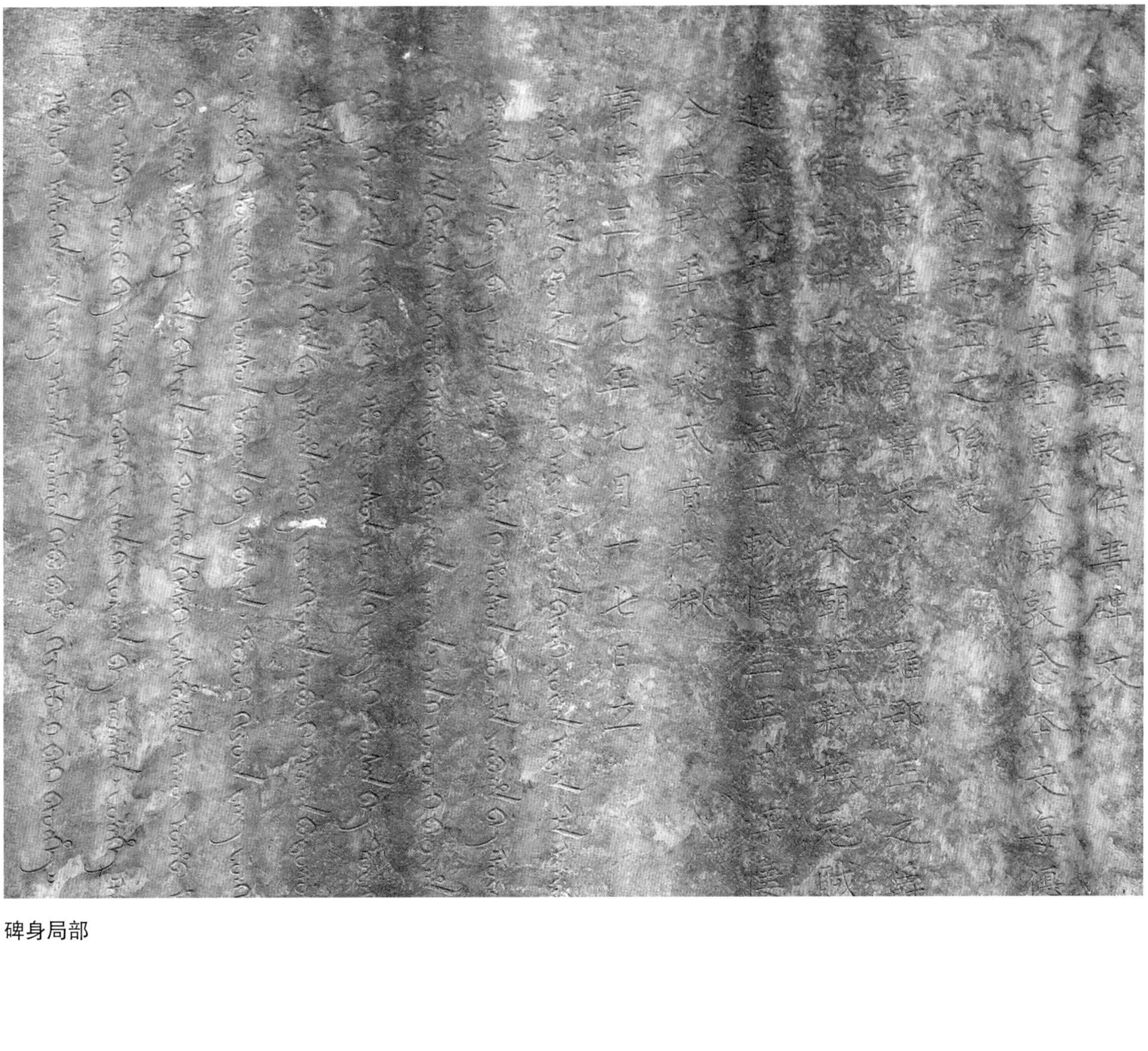

碑身局部

碑座局部

碑座

碑身侧面局部

拓片 选自《拓本汇编》。

33. 皇清册封郡主觉罗氏淑慎墓志铭碑

淑慎 爱新觉罗氏，字惠卿，和硕康亲王杰书第八女。生于康熙二十年（1681），册封为郡主。下嫁明珠第三子纳兰揆方为妻，揆方为此被册封为额驸。四十五年（1706），去世，年仅二十六岁。四十六年，葬于北京市海淀区皂甲屯。

淑慎墓志铭碑盖 汉文，康熙四十六年（1707）刻。原址在北京市海淀区皂甲屯，今存北京石刻艺术博物馆。

墓志铭碑

墓志铭碑拓片　选自《北京石刻艺术博物馆藏墓志拓片精选》。

墓志铭碑盖拓片　选自《北京石刻艺术博物馆藏墓志拓片精选》。

34. 追封奉恩将军祥厚重修朝阳寺题名碑

祥厚　爱新觉罗氏，字宽甫，满洲镶红旗。杰书第四子巴尔图六世孙。初袭骑都尉世职，授銮仪卫整仪尉。历任蒙古镶红旗副都统，山海关、熊岳、金州副都统。道光二十八年（1848），升任江宁驻防将军。咸丰三年（1853），奉命为钦差大臣兼两江总督，率众守卫江宁，抵御太平军。因寡不敌众，城陷阵亡。追赠太子太保，给予二等轻车都尉，谥号“忠勇”。入京师昭忠祠，江宁建有专祠。同治十三年（1874），其父玉刚去世，追封祥厚为奉恩将军。

祥厚重修朝阳寺题名碑　汉文，道光二十九年（1849）立。今立于大连市金州区朝阳寺院内。

碑身

碑阴

朝阳寺

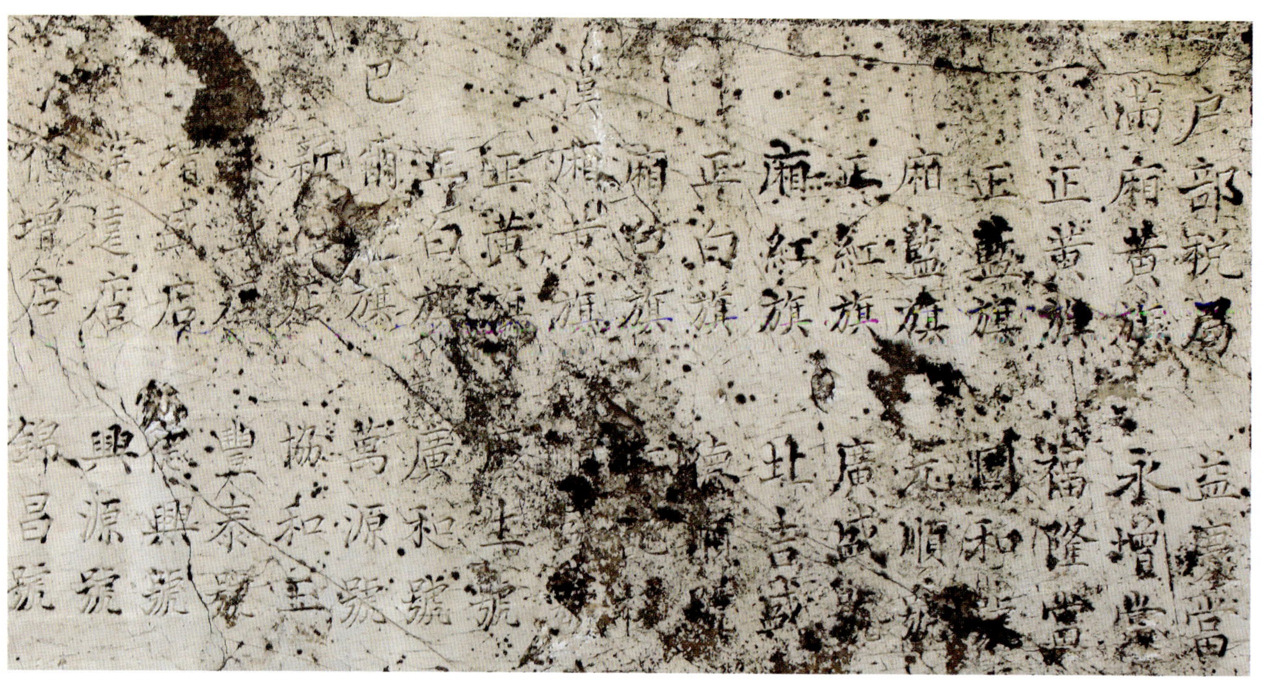

碑阴碑身局部

35. 追封辅国公谥悫厚塔拜墓碑残件

塔拜　爱新觉罗氏，满洲正白旗。努尔哈赤第六子。万历十七年（1589），为庶妃钮祜禄氏所生。天命十年（1625），从征东海呼尔哈部立功，被授予三等甲喇章京。天聪八年（1634），晋升为一等甲喇章京。不久，封爵为三等辅国将军。崇德四年（1639），去世，时年五十一岁。顺治十五年（1658），追封辅国公，谥号“悫厚”。康熙五十二年（1713），塔拜曾孙汉军正白旗副都统楚宗奏请撰文立碑，获得批准。

塔拜园寝遗址　今位于辽宁省沈阳市东陵区满堂村。塔拜墓碑埋于园寝地下。

园寝中的遗物

园寝中的碑座残件（一）

园寝中的碑座残件（二）

36. 重修宗室裕德瑞墓碑

裕德瑞　爱新觉罗氏，塔拜孙巴尔善第五子。生于康熙七年（1668）。四十四年，获皇帝恩准由北京迁居盛京（今沈阳市，下同），守护先祖塔拜的园寝。乾隆十四年（1749），去世，享年八十二岁。裕德瑞第六子海全，生于康熙五十七年。乾隆年间曾先后任宗学总管、宗室佐领、盛京翼长。病退后，留居盛京。其子孙成为居住在盛京的宗室，世代相传，辽宁省沈阳市东陵区满堂村逐步形成。

裕德瑞残碑　汉文，伪康德八年（1941）重修。今倒放于辽宁省沈阳市东陵区满堂村西山岗上。

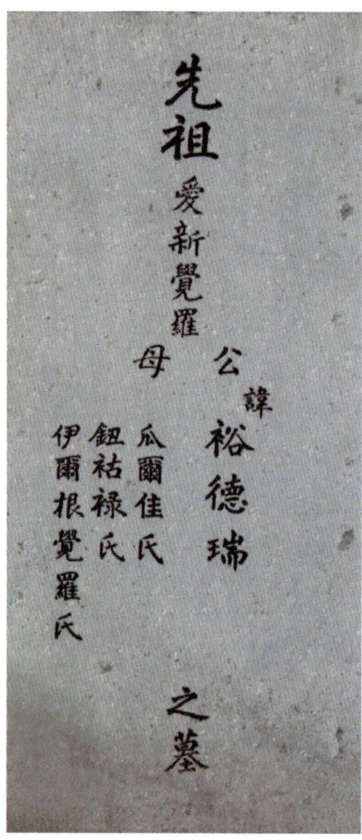

2001 年重修碑碑身局部

伪康德八年（1941）重修碑残碑与碑座

2001 年重修碑碑阴碑身局部

37. 奉恩将军都尔嘉等重修北山药王庙碑

都尔嘉　爱新觉罗氏，满洲正白旗。塔拜五世孙。乾隆二十四年（1759）袭奉恩将军。翌年，授护军参领。历任伊犁领队大臣、参赞大臣、塔尔巴哈台领队大臣、蒙古正红旗副都统兼公中佐领。三十九年，赴金川军营，征战有功。四十一年，金川平，画像入紫光阁，词臣为其作赞。其后，历任黑龙江副都统、山海关副都统、密云副都统、吉林将军、盛京将军、黑龙江将军。五十六年，年老回京。又调任正黄旗护军统领、镶黄旗护军统领、右翼前锋统领。六十年，因在黑龙江将军任内协领亏帑累民，贱价向赫哲收购貂狐皮，向下属索取皮张，被革职问罪，发往伊犁。嘉庆四年（1799），调任乌什办事大臣、西宁办事大臣等职。十年，被署陕甘总督方维甸所劾，经查属实，以“肆意婪索赃私”，赐自尽。

都尔嘉等重修北山药王庙碑　汉文，乾隆五十二年（1787）立。今立于吉林省吉林市北山药王庙正殿右侧。

碑额 额题汉文“万古流芳”。

碑阴碑额 额题汉文“千秋永固”。

乾隆四十四年三月初九日

乾隆皇帝敕谕 满汉文合璧。乾隆四十四年（1779）三月初九日，敕谕山海关副都统奉恩将军宗室都尔嘉，统领八旗官兵驻扎山海关，操练兵马，整饬营伍，严禁扰民，不得干预地方事务。选自《中国国家博物馆馆藏文物研究丛书·明清档案卷》（以下简称《文物研究丛书·明清档案卷》）。

碑阴碑身局部

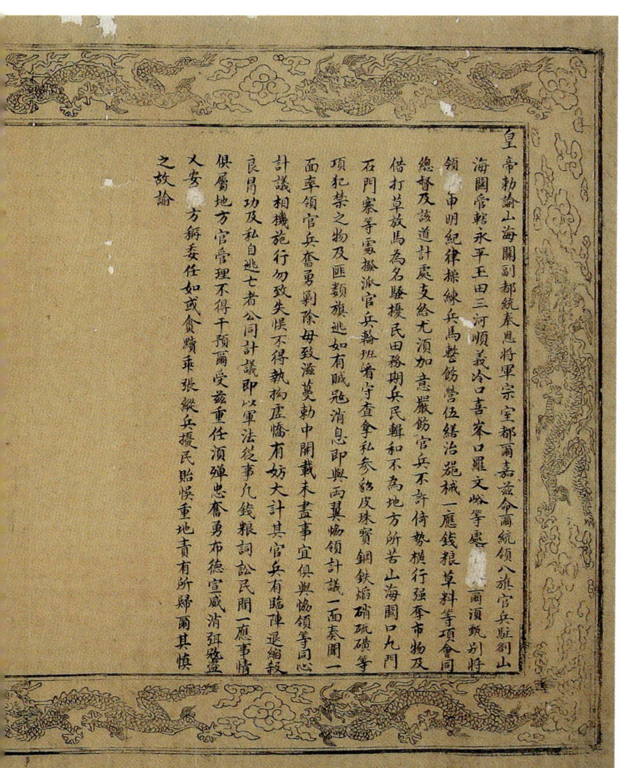

皇帝敕諭山海關副都統奉恩将軍宗室都爾嘉茲命爾統領八旗官兵駐劄山
海關帶轄永平玉田三河順義冷口喜峯口羅文峪等處　爾須甄別將
領申明紀律操練兵馬整飭營伍繕治器械一應錢粮草料等項會同
總督及該道計處支給尤須加意嚴飭官兵不許倚勢横行強奪市物及
借打草放馬為名騷擾民田務期兵民輯和不為地方所苦山海關口九門
石門寨等處撥派官兵輪班看守查拿私參貂皮珠寶銅鉄焰硝硫磺等
項犯禁之物及匪類旗逃如有賊匪消息即與兩翼協領計議一面奏聞一
面率領官兵奮勇剿除毋致滋蔓勅中開載未盡事宜俱與協領等同心
計議相機施行勿致失悞不得執拘虚憍有妨大計其官兵有臨陣退縮殺
良冒功及私自逃亡者公同計議即以軍法從事凡錢粮詞訟民間一應事情
俱屬地方官管理不得干預爾受茲重任須殫忠奮勇布德宣威消弭盜
人安　方稱委任如或貪黷乖張縱兵擾民貽悞重地責有所歸爾其慎
之故諭

碑阴

38. 宗室景普等捐资重修盛京天祐门外关帝庙碑

景普　爱新觉罗氏，努尔哈赤第七子阿巴泰八世孙。乾隆四十六年（1781），嫡母瓜尔佳氏所生。道光二十六年（1846），去世，享年六十六岁。在盛京天祐门外重修关帝庙时，景普与蒲贵、魁义以宗室身份捐资。

景普等捐资重修盛京天祐门外关帝庙碑　汉文，道光七年（1827）立。今存辽宁省沈阳市法轮寺碑林。

碑阴碑身局部

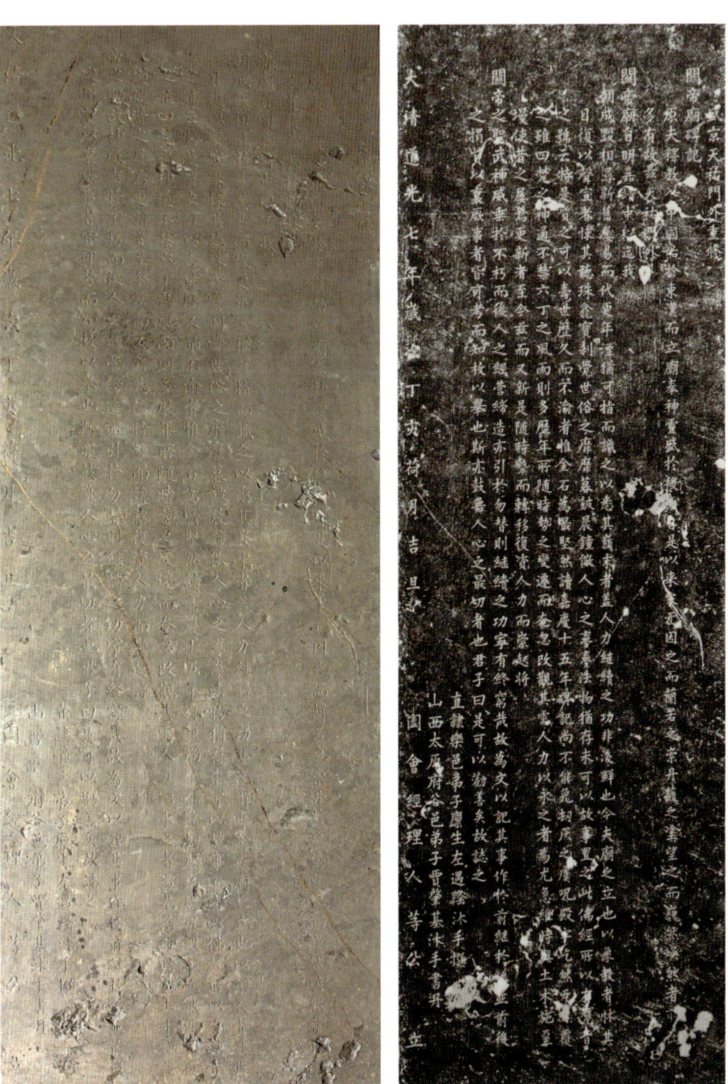

碑身

拓片 选自《沈阳碑志》。

39．辅国公噶布喇墓碑

噶布喇　爱新觉罗氏，努尔哈赤第九子镇国公巴布泰长子。初封三等奉国将军。顺治四年（1647），晋封二等奉国将军。六年，晋封三等镇国将军。八年，晋封辅国公。康熙十六年（1677），去世。

噶布喇墓碑　满汉文合璧，康熙二十二年（1683）立。今立于辽宁省铁岭市大甸子村。

碑身局部（一）

碑身局部（二）

碑额

额题 满汉文“敕建”。

碑座

40. 辅国将军德仪之女圣旨碑

德仪　爱新觉罗氏，噶布喇第五子。康熙十七年（1678），袭封三等辅国将军。四十一年，因病革退。德仪之女下嫁给朱亮。朱亮是何和礼的后裔齐锡之子，为二等男爵兼佐领、散骑郎。朱亮去世后，其妻守节二十余年。乾隆帝念其是宗室之女，特下圣旨，予以奖谕，赞其：“洁志坚守，深可嘉尚。”乾隆帝亲为节妇颁旨赐碑，在今存碑中不多见。

德仪之女圣旨碑　满汉文合璧，乾隆三年（1738）敕谕。原址在辽宁省本溪市平顶山区兴隆村，今存本溪市碑林。

碑额

额题　满汉文“圣旨”。

碑阴碑额　额题难以辨认。

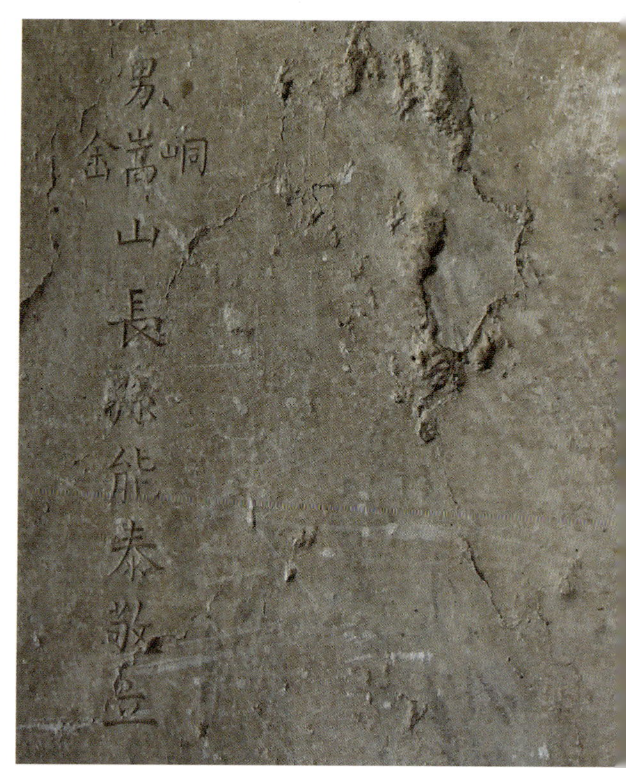

碑阴碑身局部

皇帝敕諭王化始自閨門婦德首崇
領散騎郎爾亮之妻係輔國將軍兼一等侍衛徐儀之女閨範夙嫻母儀
克著夫亡守節二十餘年潔志堅操深可嘉尚念係宗室之女茲特賜勅
奬諭用昭朕褒貞勸俗至意欽諭
乾隆三年四月初十日

碑身

41. 宗人府颂恩并赞睿忠亲王多尔衮昭雪碑

多尔衮　爱新觉罗氏，满洲镶白旗。努尔哈赤第十四子。生母大妃乌拉纳喇氏，与阿济格、多铎为同母兄弟。天聪二年（1628），随皇太极出征察哈尔有功，赐号“墨尔根戴青”，晋封固山贝勒。五年，初设六部，掌吏部事。九年，招降察哈尔林丹汗子额哲，并得传国玉玺。崇德元年（1636），晋封睿亲王。八年，皇太极病逝。在诸王争夺皇位中，拥立幼侄福临即帝位，自己摄政掌权。顺治元年（1644），被授予奉命大将军，挥师入关，迁都北京，统一全国。曾先后被封为叔父摄政王、皇父摄政王。七年，在古北口外喀喇城去世，年仅三十九岁，被追尊为“诚敬义皇帝”。八年，被大臣告发生前“谋篡大位”，诏令削爵，撤庙享，除宗籍，财产入官。乾隆四十三年（1778），特诏复宗籍，还原封爵，世袭罔替，补谥号“忠”。为清初八个铁帽子王之一。

宗人府颂恩并赞睿忠亲王多尔衮昭雪碑　残碑，满汉文合璧，乾隆六十年（1795）立。原立于清宗人府院内，今存北京石刻艺术博物馆。碑中特别记载了为睿亲王多尔衮昭雪的内容。

碑额　额题满汉文“公祝洪恩永垂万年”。

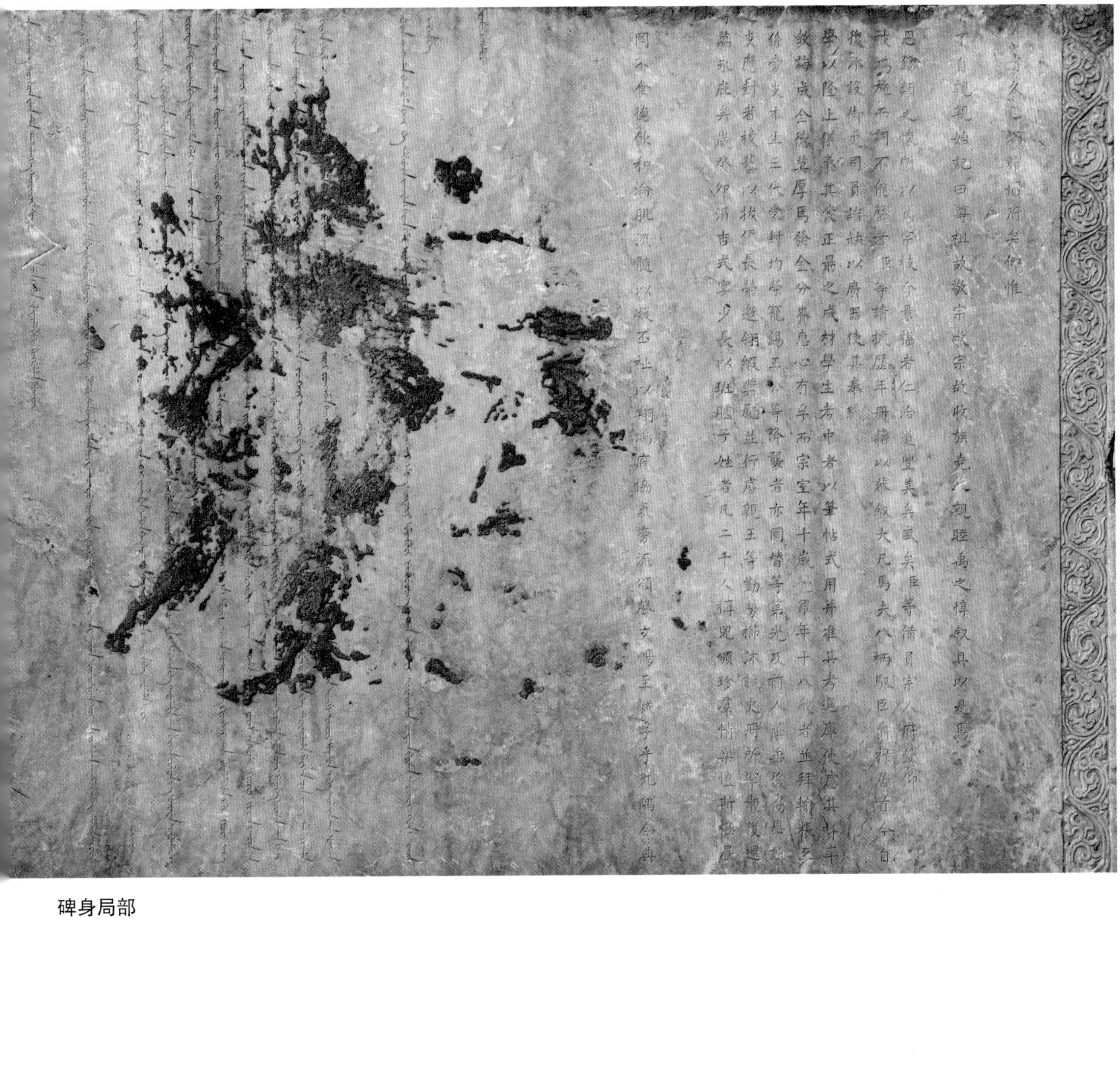

碑身局部

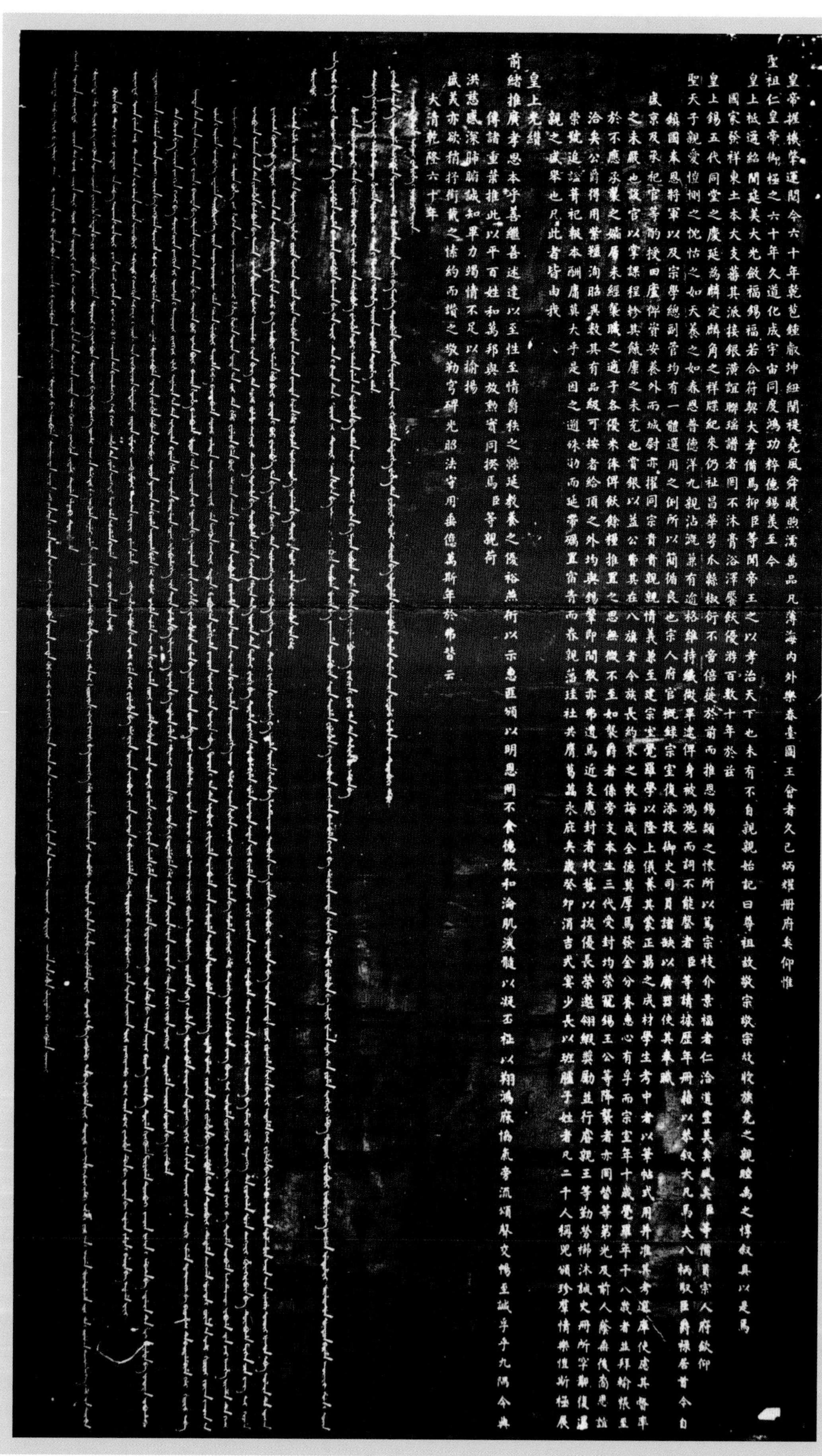

拓片 选自《拓本汇编》。

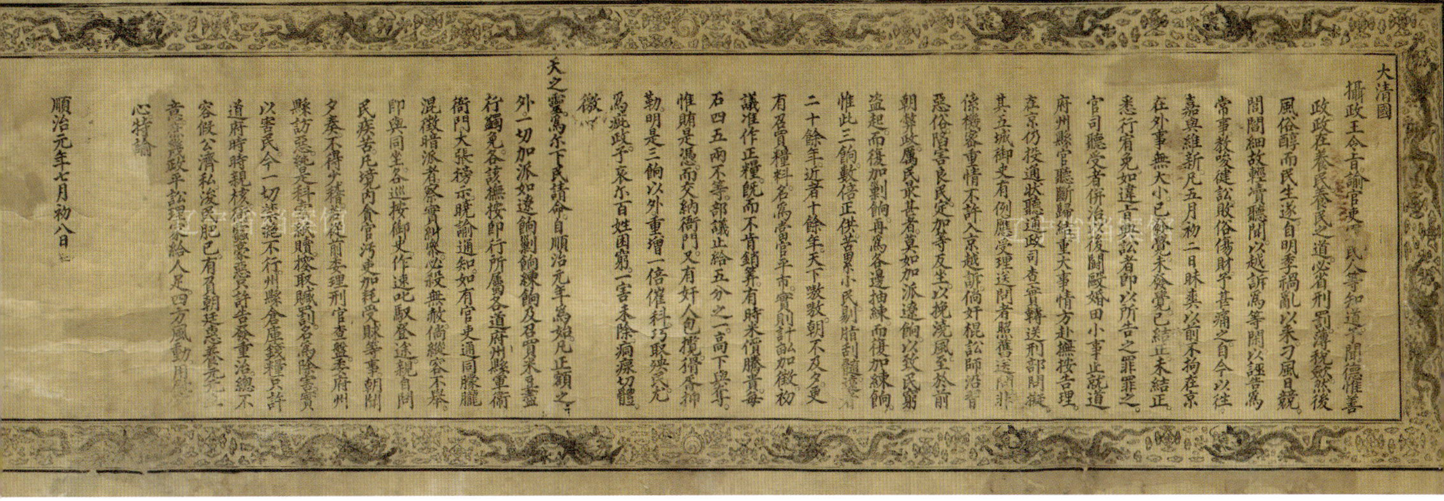

大清國
攝政王令旨諭官吏軍民人等知道予聞德惟善
政政在養民養民之道必省刑罰薄稅斂然後
風俗醇而民生遂自明季禍亂以來刁風日競
閭閻細故輕讀聽聞以越訴為等閑以誣告為
常事教唆健訟敗俗傷財予甚痛之自今以往
嘉與維新凡五月初二日昧爽以前不拘在京
在外事無大小已發覺未發覺已結正未結正
悉行宥免如違旨與訟者即以所告之罪罪之
官司聽受者併治以後鬪毆婚田小事止就道
府州縣官聽斷歸結重大事情方赴撫按告理
其五城御史有例應受理送問者照舊送問非
在京仍投通狀聽通政司查實轉送刑部問擬
係機密重情不許入京越訴倘奸棍訟師詐害
惡俗陷害良民定加等反坐以挽澆風至於前
朝弊政厲民最甚者莫如加派遼餉以致民窮
盜起而復加剿餉再為各邊抽練而復加練餉
惟此三餉數倍正供苦累小民剔髓刮膚
二十餘年近者十餘年天下嗷嗷朝不及夕更
有召買糧料名為當官平市實則計畝加徵初
議准作正糧既而不肯銷算有時米價騰貴每
石四五兩不等部議止給五分之一高下與奪
惟賄是憑而交納衙門又有奸人包攬猾吏抑
勒明是三餉以外重增一倍催科巧取殃民尤
為秕政予哀尔百姓困窮一害未除痌瘝切體
微
天之靈為尔下民請命自順治元年為始凡正額之
外一切加派如遼餉剿餉練餉及召買米豆盡
行蠲免各該撫按即行所屬各道府州縣軍衛
衙門大張榜示曉諭通知如有官吏通同朦朧
混徵暗派者察實糾參必殺無赦倘縱容不舉
即與同坐各巡按御史作速叱馭登途親自問
民疾苦凡境內貪官污吏加耗受賕等事朝聞
夕奏不得少稽若從前委理刑官查盤委府州
縣訪惡紳是科罪紋贖按取贓罰名為除害實
以害民今一切悉絕不行州縣倉庫錢糧只許
道府時時親核衙蠹恣意詐告者重治總不
容假公濟私浚民肥己有負朝廷恩養元元之
意庶幾政平訟理家給人足四方風動用副
心特諭
順治元年七月初八日

《大清国摄政王令旨》 顺治元年（1644），清军入关后，摄政王多尔衮对官吏军民颁布告示，宣布赦免所有人员在此前所犯罪过，并取消明末“三饷”加派，废除明朝的各种苛捐杂税，严禁百姓诬告及官员贪赃枉法等。今藏辽宁省档案馆。

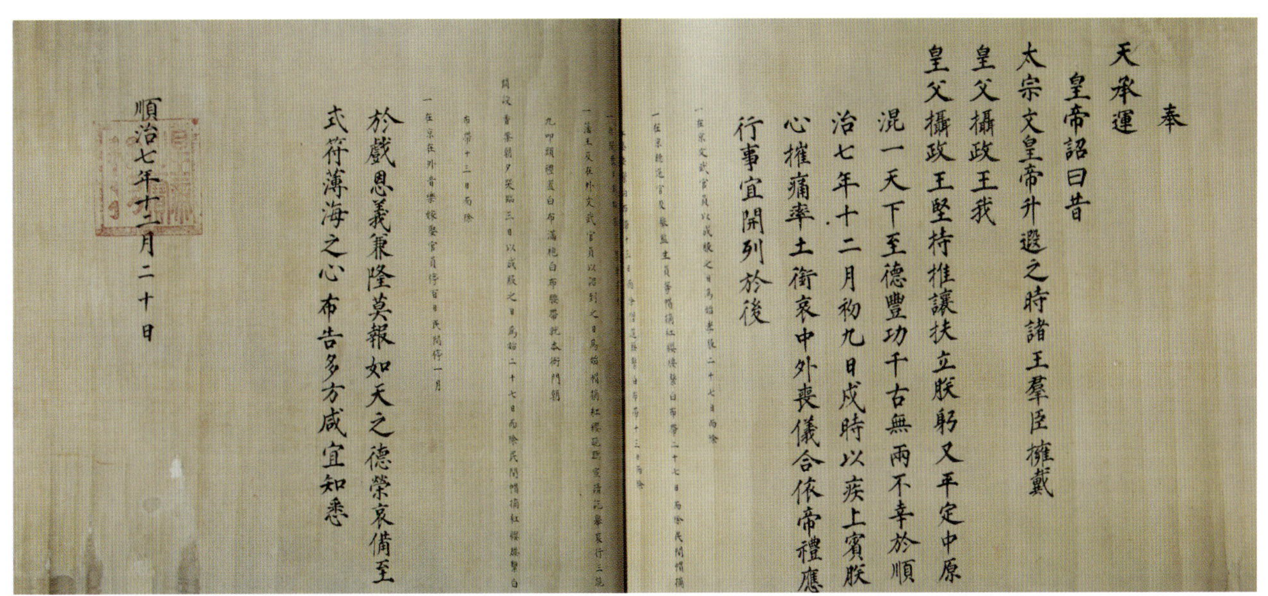

奉
天承運
皇帝詔曰昔
太宗文皇帝升遐之時諸王羣臣擁戴
皇父攝政王我
皇父攝政王堅持推讓扶立朕躬又平定中原
混一天下至德豐功千古無兩不幸於順
治七年十二月初九日戌時以疾上賓朕
心摧痛率土銜哀中外喪儀合依帝禮應
行事宜開列於後
於戲恩義兼隆莫報如天之德榮哀備至
式符薄海之心布告多方咸宜知悉
順治七年十二月二十日

《皇父摄政王多尔衮丧仪合依帝礼诏》 顺治七年（1650）十二月二十日颁布。选自《文物研究丛书·明清档案卷》。

原多尔衮王府 今位于北京市东城区普度寺院内。

碑阴

碑阴拓片 选自《拓本汇编》。

42. 和硕豫良亲王修龄墓碑

修龄　爱新觉罗氏，多铎曾孙德昭第十五子。乾隆十四年（1749），为侧福晋张佳氏所生。初袭如松所遗之辅国公。三十年，授散秩大臣。三十六年，袭多罗信郡王，曾先后任宗人府宗令，满洲正白旗、满洲镶白旗、汉军正红旗副都统，蒙古正白旗、满洲镶蓝旗都统，满洲镶白旗觉罗学总管。四十三年，晋袭和硕豫亲王。四十八年，任盟长。五十一年，去世，年仅三十八岁，谥号“良”。以其长子裕丰袭王爵。

修龄墓碑　满汉文合璧，乾隆五十二年（1787）立。原址在北京市建国门外北大窑苗家地，今存辽宁省抚顺市元帅林。碑身阴阳面摆放有误，今以现状做以说明。碑阳碑身文字被凿磨，难以辨认。

碑额　额题被凿磨，难以辨认。

碑阴碑额

额题　满汉文“敕建”。

碑侧面局部

和碩豫良親王碑文
朕惟延庥錫爵金枝彰復始之封篤叙推恩卒碣重易名之典綰舊勳之承沐
澤衍屏藩眷令聞之丕昭榮施兆域惟王瑶源别派瑞牒分輝稽翊運之成勞
祈常久紀舉酬庸之懋賞帶礪宜垂朕特念前徽重加顯秩宗盟是掌期表率
欽仙潢旗務兼咨待統司手禁旅方奠長齊苐禄阿圖遥謝芳華奠爵以時既
備雕箋之薦表瑩有制還傳貞石之銘象厥生卒以良為謚於戲溯宣勤於榮
府分璜增桂邸之光具寵邱於奐章勒琰煥松阡之色休稱丕洪式昕來茲
乾隆五十二年十二月　日

碑阴拓片

碑阴

碑阴碑身局部

43. 正蓝旗宗室福勒洪额题名碑

福勒洪额　爱新觉罗氏，满洲正蓝旗。努尔哈赤第十五子多铎五世孙。乾隆十五年（1750），嫡母张佳氏所生，盛京居住。碑文记载了以正蓝旗宗室福勒洪额为首，以及盛京户部管理庄头事务加一级纪录十次六品官绩尔阿、厢（镶）蓝旗骁骑校加三次纪录二次明保、领办庄头事务纪录十次催长陈勋等人共计三百六十余名功德主的题名。

福勒洪额题名碑　汉文，乾、嘉年间立。今立于辽宁省鞍山市千山香岩寺东门外碑林。

拓片 选自《鞍山碑志》。

碑额 额题汉文“佛教广昌”。

千山香岩寺

44. 和硕显亲王谥懿富寿墓碑

富寿　亦写作富绶或福寿。爱新觉罗氏，皇太极之子肃亲王豪格第四子。豪格是清初八大铁帽子王之一，世袭罔替。顺治五年（1648），肃亲王豪格死于狱中。八年，富寿袭封和硕亲王，改称和硕显亲王，参与议政。康熙八年（1669），去世，谥号“懿”。九年，富寿第四子丹臻袭封和硕显亲王。肃亲王豪格传承九代十王，二代富寿、三代丹臻、四代衍璜与蕴著、五代永锡、六代敬敏、七代华丰、八代隆懃、九代善耆。

富寿墓碑　满汉文合璧，康熙十四年（1675）立。原址在北京市朝阳区劲松小区西路口南面，今立于北京市朝阳区日坛公园内。

碑额

额题　满汉文“敕建”。

富寿汉白玉石享堂　地宫出土。原址在北京市朝阳区架松村肃王坟，今存北京石刻艺术博物馆。

和碩顯親王謚懿富壽碑文

古帝王膺受天命咸賴懿親夾輔宗社生則大啓藩封報功崇德歿亦勒之金石永垂不朽朕丕承先業撫育萬邦亦惟諸宗親共襄圖治爾富壽係和碩肅親王之子推恩封爲和碩顯親王生有端敏克紹先猷方冀延齡遽爾奄逝在朕親誼篤摯既篤一本之懷追念品行純良益切維城之痛爰稽成憲賜謚曰懿勒之貞珉昭示奕世庶表朕篤族之心永爲藩輔懿典云爾

康熙拾肆年肆月貳拾壹日立

碑身

拓片　选自《拓本汇编》。

45. 和硕显亲王谥密丹臻墓碑

丹臻　爱新觉罗氏，富寿第四子。康熙九年（1670），袭封和硕显亲王。三十五年，从征噶尔丹。四十一年，去世，年仅三十八岁，谥号“密”。

丹臻墓碑（旧照） 满汉文合璧，康熙四十二年（1777）立。今位于北京市门头沟区拢驾庄，埋于地下。选自《重访清代王爷坟》。

碑额（旧照） 额题难以辨认。选自《清代园寝志》。

墓碑掩埋地

园寝中的月台

园寝宫墙

园寝中的建筑构件（一）

园寝中的建筑构件（二）

园寝中的建筑构件（三）

园寝中的建筑构件（四）

46. 和硕肃慎亲王敬敏墓碑

敬敏　爱新觉罗氏，富寿曾孙肃恭亲王永锡长子。乾隆六十年（1795），封不入八分辅国公。道光元年（1821），承袭肃亲王，是肃王府第六代第七位肃亲王。历经乾隆、嘉庆、道光、咸丰四朝，曾任蒙古正蓝旗都统、蒙古镶蓝旗都统、满洲正蓝旗都统、满洲正白旗觉罗学总管、内大臣、宗人府左宗正及宗令等。咸丰二年（1852），去世，享年八十岁，谥号“慎”。咸丰帝命醇亲王奕環前往祭奠，赐陀罗经被，并赏银三千两治丧。

敬敏墓碑　满汉文合璧，咸丰四年（1854）立。今立于北京市朝阳区王四营道口村碑亭内。

碑身

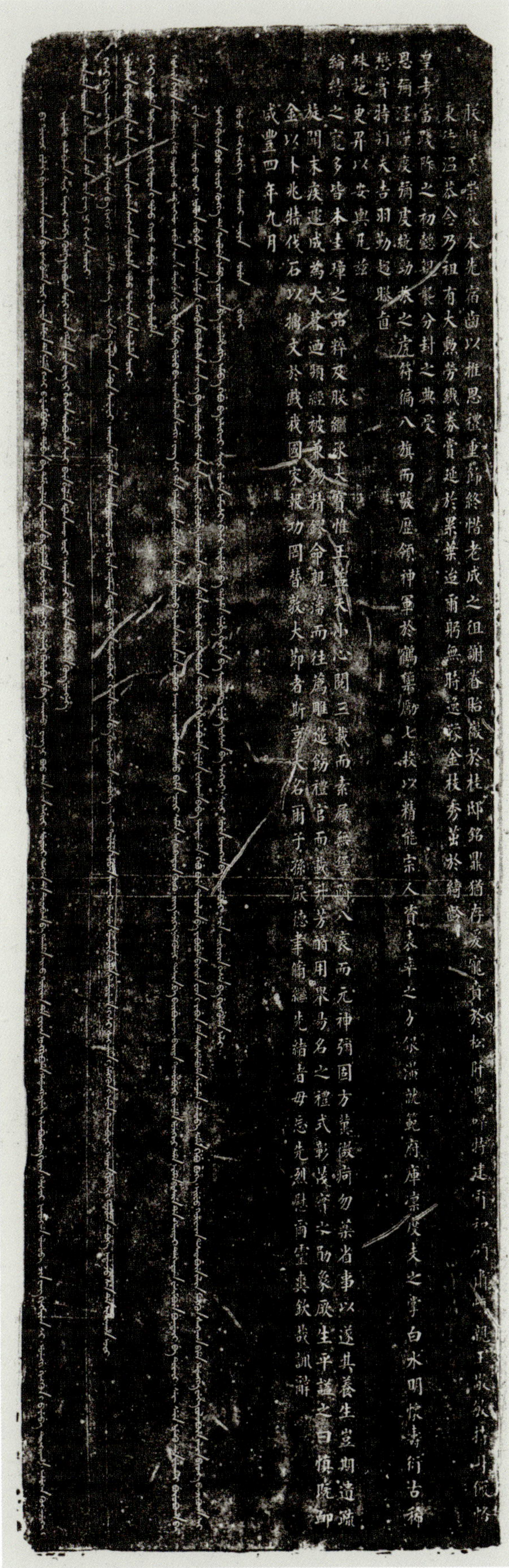

拓片 选自《拓本汇编》。

碑额　额题满汉文“敕建”。

碑亭

园寝建筑群

园寝宫门

园寝享殿

47. 御制和硕裕宪亲王福全墓碑

福全　爱新觉罗氏，满洲镶白旗。福临次子。康熙六年（1667），封裕亲王，参与议政。十一年，请辞。二十九年，噶尔丹深入乌珠穆沁，命为抚远大将军，出古北口，进驻博洛和屯；抵达乌兰布通后，大败厄鲁特兵；噶尔丹投降，遂率师返回。后以擅自率师内徙，接受调查。康熙帝以其击败厄鲁特功，免夺爵，罢议政，罚俸三年，撤三佐领。三十五年，随康熙帝出征噶尔丹。四十二年去世，时年五十一岁，谥号“宪”。福全入葬时，康熙帝亲临园寝奠酒举哀。

福全墓碑　满汉文合璧，康熙四十九年（1710）立。今立于天津市蓟州区石头营村。

碑额

额题 满汉文“御制碑文”。

碑身

碑身局部

园寝构件（一）

园寝构件（二）

《康熙命福全征噶尔丹图》轴 图上文字为康熙帝御题《命裕亲王帅师征厄鲁忒锡之以诗》。康熙二十九年(1690)，准噶尔部噶尔丹入侵乌珠穆沁，康熙帝命福全为抚远大将军，出兵平定噶尔丹叛乱。《清圣祖实录》记载：七月初六，康熙帝在太和门命福全帅师出征，赐与敕印，并亲自送到东直门外。此图描绘出师时的情景。选自《天津博物馆文物精华》。

48. 追封保寿亲王墓碑

保寿　亦写作保绶。爱新觉罗氏，裕亲王福全第五子。初封辅国公。康熙四十五（1706）去世，年仅二十三岁。雍正三年（1725），推恩追封亲王，并遣官致祭，谥号“悼”。

保寿墓碑　满汉文合璧，雍正三年（1725）立。今立于河北省易县南福地村。

追封保壽親王碑文

朕惟國家展親之典聿重宗支朝廷錫類之仁必推源

后允協彝章爾保壽乃和碩裕親王廣寧之父璇源衍

範之既遥義承家之有後朕情殷教孝特許推恩追封

綸之寵聲被来兹貞珉屹焉纍而長垂華衮得龍章而

雍正三年六月初七日

碑身局部

碑额

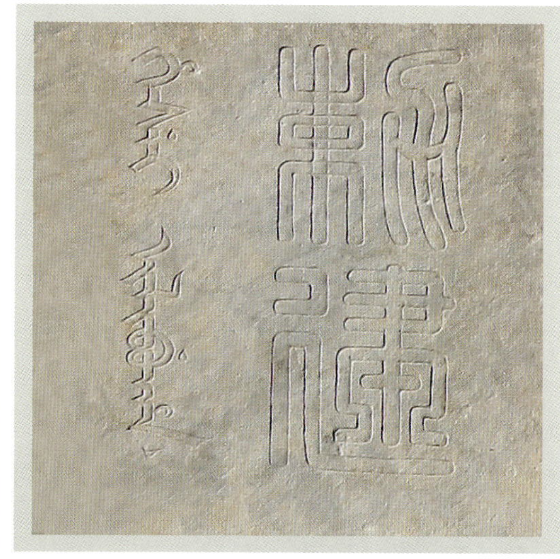

额题　满汉文“敕建”。

碑座

49. 和硕裕庄亲王广禄墓碑

广禄　爱新觉罗氏，保寿第三子，生于康熙四十五年（1706）。雍正四年（1726），袭裕亲王。八年，任宗人府宗令。九年，总管镶红旗觉罗学。乾隆三年（1738），升任议政。八年，任汉军镶黄旗都统。十一年，任玉牒馆总裁。十三年，任满洲正蓝旗都统、宗人府宗令。三十五年，总管正黄旗觉罗学。四十五年、四十九年，先后解任汉军镶黄旗都统与正黄旗觉罗学总管。五十年，去世，谥号“庄”，享年八十岁。

广禄墓碑　满汉文合璧，乾隆五十一年（1776）立。今立于河北省易县南福地村。碑额额题与碑文漫漶严重，难以辨认。

50. 皇清和硕荣亲王圹志碑

荣亲王　爱新觉罗氏，顺治帝第四子，未及命名。顺治十四年（1657）十月初七，为福临宠妃董鄂妃所生，倍受其父宠爱。十五年正月二十四日夭折，追封为和硕荣亲王。圹志上称“和硕荣亲王，朕第一子也”。顺治帝曾对这位降生仅一百多天的皇子寄予厚望。当地人称荣亲王园寝为“太子陵”。

荣亲王圹志碑并盖　满汉文合璧，顺治十五年（1658）刻。今存天津市蓟州区文物管理所。

圹志碑盖

制曰和碩榮親王朕第一子也生於順治十四年丁酉十月初七日
卒於十五年正月二十四日蓋生數月云爰稽典禮追封和
碩榮親王以八月二十七日窆於黄花山父子之恩君臣之義
備矣嗚呼朕乘乾御物勅
天之命朝夕祇懼思
祖宗之付託冀亂邦之發祥惟爾誕育克應休禎方思成立有期
詎意厥齡不永[illegible]育深軫朕懷爰爲爾卜兹兆域爰設殿
宇周垣窀穸之文式從古制追封之典載協彝章特述生歿
之日月勒於貞珉尒其永妥於是矣

圹志碑

51. 宗室英翘等重修火神庙题名碑

英翘 爱新觉罗氏，福临第五子常颖七世孙。道光元年（1821），嫡母托霍罗氏所生。咸丰四年（1854），捐输赏给二等侍卫。同治元年（1862），任护军参领。十一年，赏二品顶戴。十二年，任凤凰城（今辽宁省凤城市）守尉。十三年，任复州（今辽宁省瓦房店市复州城镇）城守尉。光绪四年（1878），调任盖州（今辽宁省盖州市）城守尉。十八年，因病奏请开缺。三十年，去世，享年八十四岁。

英翘等重修火神庙题名碑 汉文，光绪十六年（1890）立。碑额额题“口迹口存”。今存辽宁省盖州市文物管理所。

碑身局部

52. 和硕纯亲王谥靖隆禧墓碑

隆禧　爱新觉罗氏，满洲镶白旗。顺治帝第七子。顺治十七年（1660），为庶妃钮氏所生。康熙十三年（1674），封纯亲王。十八年，病故，年仅二十岁，谥号“靖”。隆禧下葬时，康熙帝亲临黄花山纯靖亲王灵柩前祭奠并撰碑文。

隆禧墓碑　满汉文合璧，康熙二十一年（1682）立。今立于天津市蓟州区石头营村。

额题　满汉文“敕建”。

碑额

碑身局部

53. 奉恩将军原任绥远城将军弘晌墓碑

弘晌　爱新觉罗氏，满洲镶蓝旗。康熙帝长子直郡王允禔第十三子。乾隆二年（1737），由散秩大臣授三等侍卫；不久，晋一等侍卫。十三年，升任汉军镶蓝旗副都统兼镶白旗护军统领。三十年，调蒙古镶黄旗副都统。次年，派往库车办事。三十五年，任福州将军。三十八年，调任盛京将军，后封奉恩将军。四十三年，奏请移驻闲散宗室往大凌河马场，设屯垦荒。四十四年，任绥远城将军。四十六年，去世，享年六十四岁，谥号“勤肃”。

弘晌墓碑　满汉文合璧，乾隆四十七年（1782）立。今立于北京市中国政法大学院内。

碑额

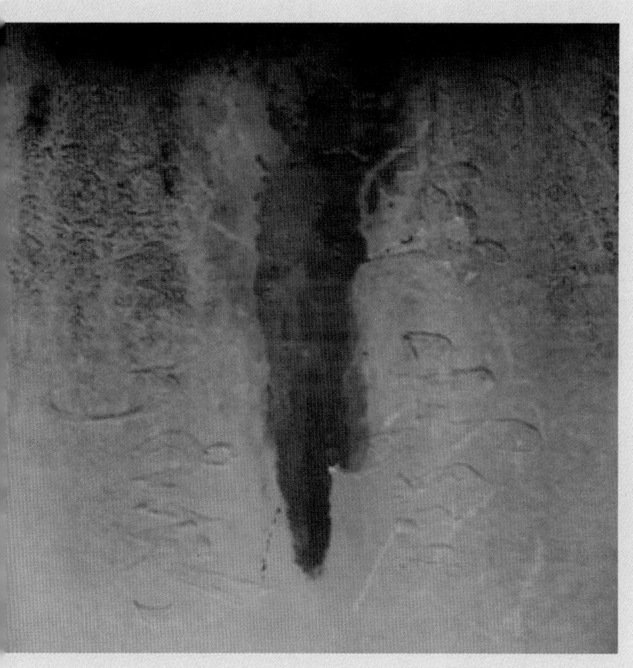

额题　满汉文“圣旨”。

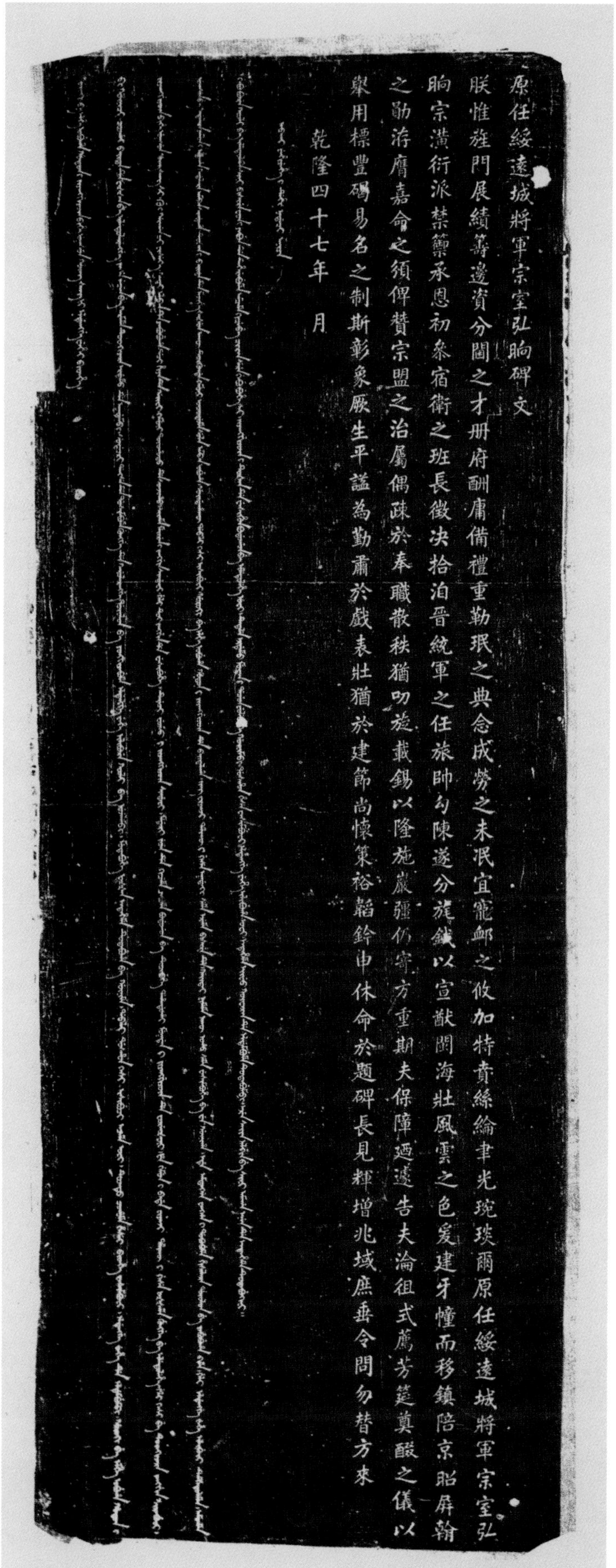

原任綏遠城將軍宗室弘晌碑文

朕惟旌門展績籌邊資分閫之才册府酬庸備禮重勒珉之典念成勞之未泯宜寵卹之攸加特賁絲綸聿光琬琰爾原任綏遠城將軍宗室弘晌宗潢衍派禁籞承恩初忝宿衛之班長徵决拾洎晉統軍之任旅帥勾陳遂分旄鉞以宣猷閩海壯風雲之色爰建牙幢而移鎮陪京昭屏翰之勛洊膺嘉命之須俾贊宗盟之治屬偶疎於奉職散秩猶叨旋載錫以隆施歲彊仍寄方重期夫保障邇遘告夫淪徂式厲芳蕤奠醊之儀以舉用標豐碣易名之制斯彰象厥生平謚為勤肅於戲表壯猶於建節尚懷策裕韜鈐申休命於題碑長見輝增兆域庶垂令問勿替方來

乾隆四十七年　月

拓片　选自《拓本汇编》。

碑身

碑身局部

碑座

54. 宗室载耀重修城垣碑

载耀　爱新觉罗氏，康熙帝次子允礽五世孙。嘉庆十七年（1812），嫡母富察氏所生。道光十一年（1831），赏四等侍卫。十二年，任三等侍卫。十五年，任侍卫副班领。咸丰元年（1851），任二等侍卫，授侍卫副班领。九年，升任头等侍卫，不久任京城守卫。十年，调任盖州城守尉。同治十年（1871），调任吉林副都统。十二年，去世，享年六十二岁。

载耀重修城垣碑　汉文，同治十二年（1873）立。今存辽宁省盖州市文物管理所。

碑阴碑额 额题汉文“永垂不朽”。

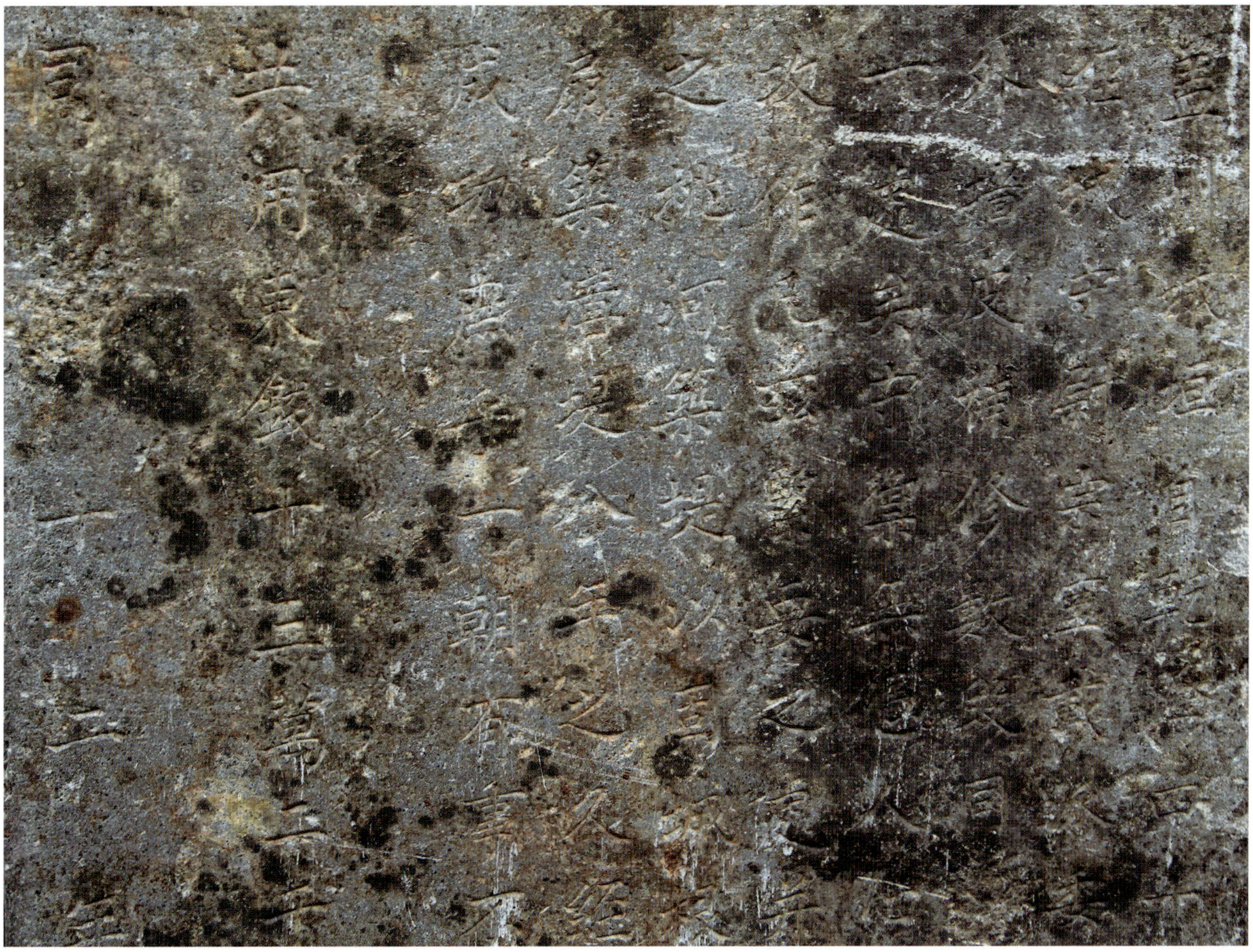

碑阴碑身局部

55. 多罗诚郡王胤祉奉敕书御制弘慈广济寺碑

胤祉　即允祉，爱新觉罗氏，满洲正蓝旗。康熙帝第三子。康熙三十五年（1696），随康熙帝征噶尔丹，率领镶红旗大营，以战功封诚郡王。四十七年，揭发皇长子允禔用巫术魇废太子，允礽得以复立，以功晋封诚亲王。以精于历法、数学，受康熙帝命编纂律吕、历法、算法各书。五十三年，辑成《律历渊源》《古今图书集成》。雍正帝即位后，以其与允礽关系密切，命守护景陵；又命与允祐共书景陵碑额。六年（1728），以向属下索贿罪，降为诚郡王。八年，复晋封亲王。不久，以怡亲王允祥丧事迟到，无悲伤之情，命夺爵位，幽禁于景山永安亭。十年，去世，时年五十六岁。乾隆二年（1737），追封谥号“隐”。

胤祉书御制弘慈广济寺碑　汉文，康熙三十八年（1699）立。今立于北京市西城区弘慈广济寺院内。

碑额 额题汉文"御制碑文"。

碑身局部

碑座

碑身侧面

56. 诚亲王胤祉奉敕书丫髻山行宫碑

胤祉奉敕书丫髻山行宫碑 汉文，康熙五十三年（1714）立。丫髻山行宫建于康熙五十三年，坐落于龟山脚下。是年为康熙帝六十大寿，胤祉率群臣来丫髻山朝山做万寿道场时所建，并立此碑。今存北京市平谷区丫髻山万寿亭内。

碑额　额题汉文“恩光普照”。

碑身局部

碑座

万寿亭

57. 多罗贝勒永鋆墓碑

永鋆　爱新觉罗氏，康熙帝第七子淳度亲王允祐第六子淳慎郡王弘暻第八子。乾隆四十三年(1778)，降袭贝勒，官居散秩大臣。嫡妻为乾隆朝和珅之女。嘉庆二十五年（1820)，去世。其子孙递降，以镇国公世袭。

永鋆墓碑　满汉文合璧，道光元年（1821）立。原址在北京市房山区董家林村。今立于房山区琉璃河镇古桥公园碑林。碑身阴阳面摆放有误，今以现状做以说明。

碑阴碑额

碑阴额题　满汉文“敕建”。

碑阴　额题满汉文“敕建”。

碑阴碑身局部

古桥公园碑林

58. 奉恩将军奕榕德政碑

奕榕　爱新觉罗氏，满洲正白旗。永鋆次子绵清第六子。道光二十四年（1844），封奉恩将军。咸丰十年（1860），出任复州城守尉。同治初年，调任凤凰城城守尉。七年（1868），署理盛京将军。九年，出任吉林将军。光绪元年（1875），因事革职。五年，任库伦办事大臣。九年，署理宁夏将军。十一年，以病告养。次年，病故。

奕榕德政碑　汉文，光绪五年（1879）立。今立于黑龙江省双城区中兴村。

碑身

碑额 额题汉文“流芳万古”。

碑阴碑额 额题汉文“深恩厚泽”。

蓋聞非常之事必待非常之人而非常之人方有非常之功如前憲宗室 奕老將軍今時
旗丁趙姓福興非所謂非常之事功乎緬述壁之初過送城墻西永修無論貧富老幼器食
日備那管露宿風餐苦寒誰堪連百二屯連之名赴省哀懇額雙城官員之而奏准克修福
興義重非為一己將軍恩深實憐雙城微福興不能成將軍之德微將軍豈能送福興之功
斯福興之心日月一高將軍之量乾坤兩大故六旗屯丁三千民界住戶若干書墻役之永
免樂農時之非遠又恐勝事久而就荒石立碑廟木修牌坊囑敘文序欲垂綿長愧予學之
有限兮羨彼善之無疆恨片石之甚短兮難述放勳之盛品畧為梗概兮永誌不忘

承辦人趙福興
撰書人閻邦清

幫辦人 閻盛德 閻恒 王允誠 鄒永春

石工人 孫蘭序 宋桂

木工人 閻培英 劉永興 傅常財

碑阴碑身

59. 奉恩将军绵洵等捐资重建玉皇庙碑

绵洵　爱新觉罗氏，满洲镶白旗。永鋆第五子。道光六年（1826），封奉恩将军。其后，历任三等侍卫、前锋参领、复州城守尉、辽阳城守尉、金州副都统。咸丰三年（1853），调任江宁副都统。因与洪秀全太平军作战有功，加都统衔。不久，授荆州将军。八年，去世，谥号“庄武”。

绵洵等捐资重建玉皇庙碑碑身　汉文，咸丰元年（1851）立。原址在辽宁省辽阳市小南门外，今存辽宁省辽阳市博物馆。此碑与哈格等捐资重建玉皇庙碑为同一碑（详见第11页），在此处只选录碑身。

60. 奉恩将军绵瀞等断明辛发案状记碑

绵瀞　爱新觉罗氏，永鋆第六子。道光六年（1826），封奉恩将军。咸丰三年（1853），始任辽阳城守尉，后任盛京兵部侍郎。九年，去世。

绵瀞等断明辛发案状记碑（左）　汉文，咸丰五年（1855）立。原址在辽宁省本溪市平山区兴隆村栾家崴子朝阳寺旧址，今存本溪市碑林。

碑额

碑阴碑额

额题 汉文“千古不朽”。

碑阴额题 汉文“万善同归”。

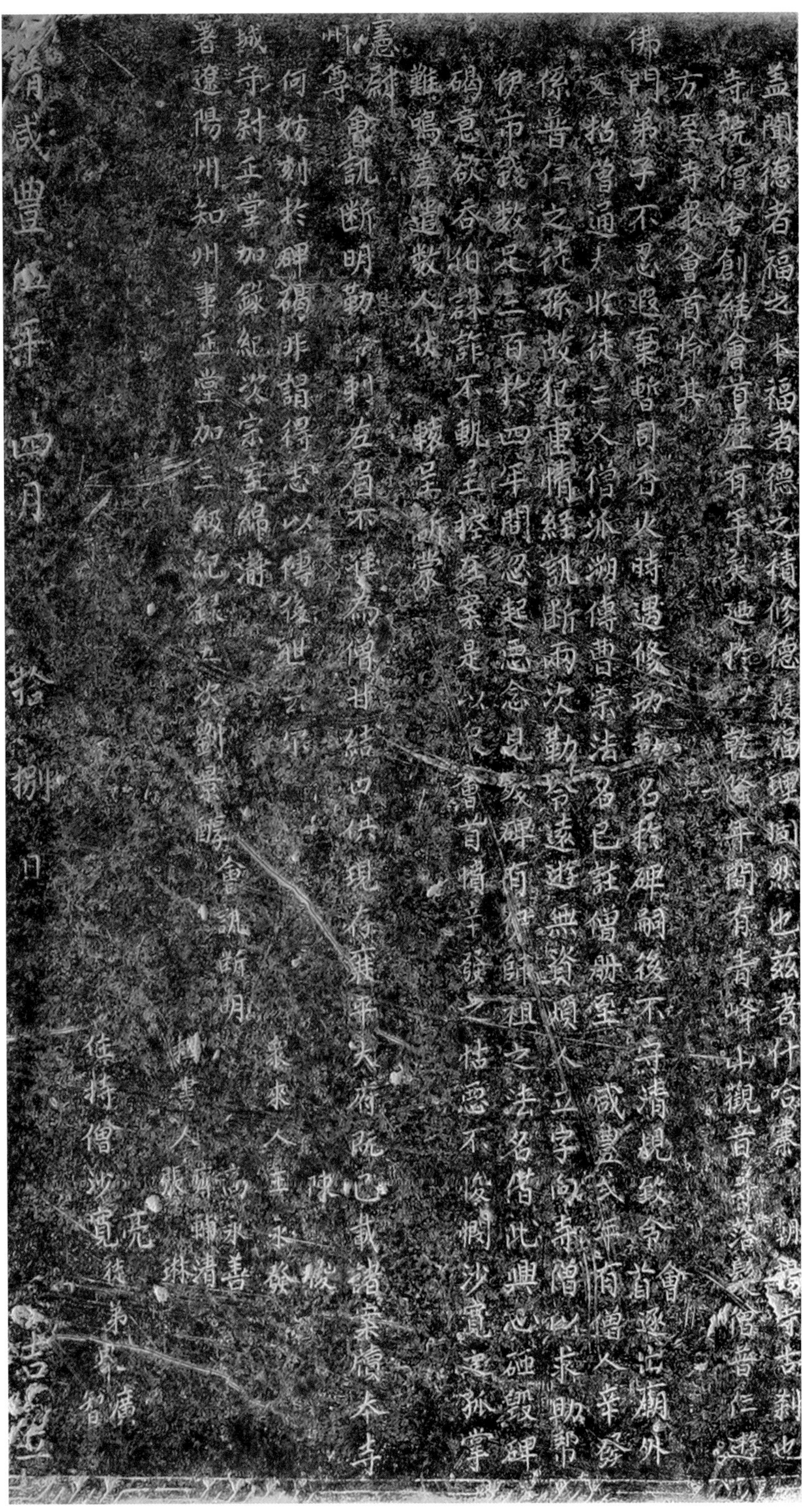

拓片 选自《本溪碑志》。

碑身

61. 忠敬诚直勤慎廉明和硕怡贤亲王允祥神道碑

允祥　爱新觉罗氏，满洲正蓝旗。康熙帝第十三子。雍正帝即位，晋封怡亲王，总理朝政，深受雍正帝的信任与重用。雍正元年（1723），管理户部及户部三库，任内整顿财政。三年，负责直隶营田，划全省为四区，每区设专官兴修水利。七年，任军机大臣，筹划出兵西北两路方略。八年，病逝，时年四十五岁。谥号“贤”，并以“忠敬诚直勤慎廉明”八字加于谥号之上。祭奠破例，园寝也是清代亲王中规模最大的。清代八大铁帽子王之一，子孙世袭罔替。

允祥神道碑　满汉文合璧，雍正八年（1730）立。今立于河北省涞水县东营房村西南。

碑身

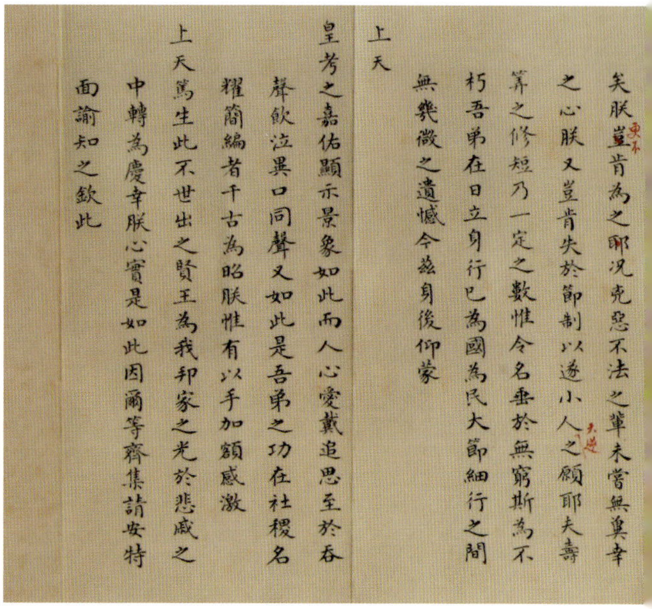

矣朕豈肯為之耶況兇惡不法之輩未嘗無冀幸
之心朕又豈肯失於節制以遂小人之願耶夫壽
筭之修短乃一定之數惟令名垂於無窮斯為不
朽吾弟在日立身行己為國為民大節細行之間
無幾微之遺憾今茲身後仰蒙
上天
皇考之嘉佑顯示景象如此而人心愛戴追思至於吞
聲飲泣異口同聲又如此是吾弟之功在社稷名
耀簡編者千古為昭朕惟有以手加額感激
上天篤生此不世出之賢王為我邦家之光於悲戚之
中轉為慶幸朕心實是如此因爾等齋集請安特
面諭知之欽此

石碑坊底座

园寝华表

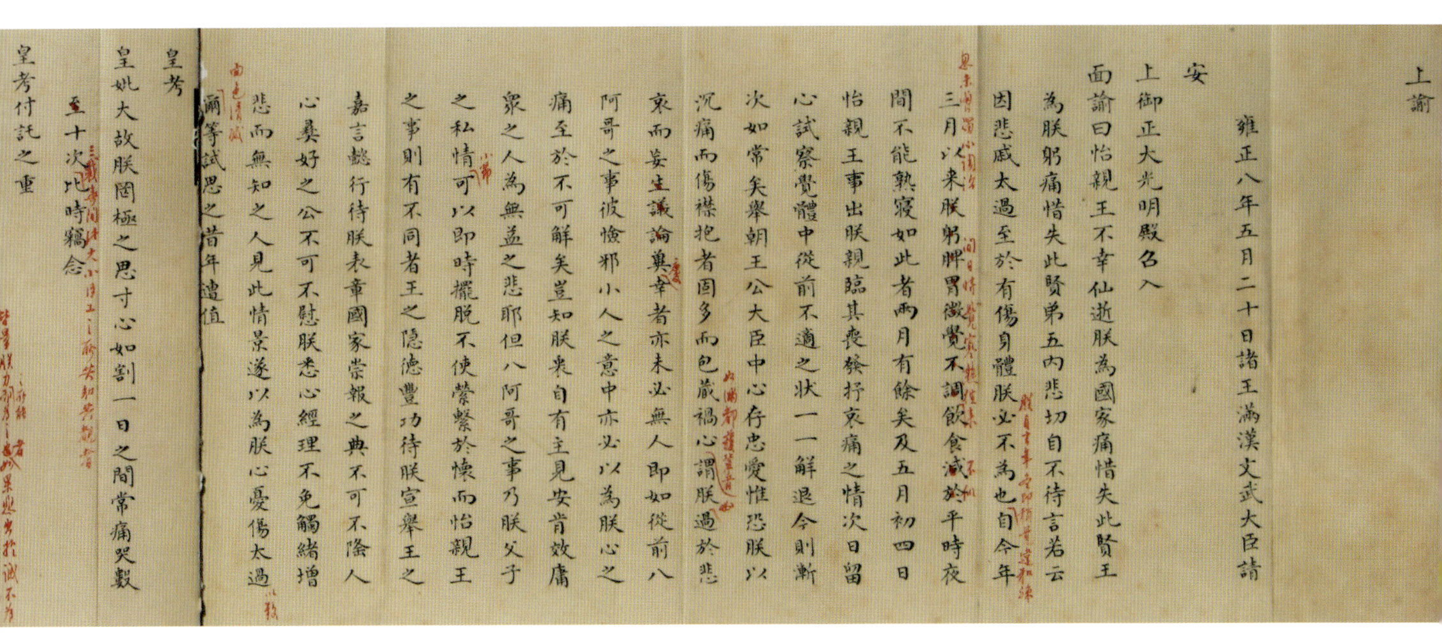
上諭

雍正八年五月二十日諸王滿漢文武大臣請

安

上御正大光明殿召入

面諭曰怡親王不幸仙逝朕為國家痛惜失此賢王為朕躬痛惜失此賢弟五內悲切自不待言若云因悲感太過至於有傷身體朕必不為也自今年三月以來朕躬脾胃微覺不調飲食減於平時夜間不能熟寢如此者兩月有餘矣及五月初四日怡親王事出朕親臨其喪發抒哀痛之情次日留心試察覺體中從前不適之狀一一解退今則漸次如常矣舉朝王公大臣中心存忠愛惟恐朕以沉痛而傷懷抱者固多而包藏禍心謂朕過於悲哀而妄生議論與幸者亦未必無人即如從前八阿哥之事彼憸邪小人之意中亦必以為朕心之痛至於不可解矣豈知朕衷自有主見安肯效庸衆之人為無益之悲耶但八阿哥之事乃朕父子之私情可以即時擺脫不使縈繫於懷而怡親王之事則有不同者王之隱德豐功待朕宣舉王之嘉言懿行待朕表章國家崇報之典不可不隆人心姦好之公不可不懸朕悉心經理不免觸緒增悲而無知之人見此情景遂以為朕心憂傷太過爾等試思之昔年遭值

皇考

皇妣大故朕罔極之思寸心如割一日之間常痛哭數至十次比時竊念

皇考付託之重

雍正帝示文武大臣怡亲王逝后内心之悲悼谕　选自《清世宗文物大展》。

园寝石牌坊（一）

园寝石牌坊（二）

园寝华表与石牌坊

62. 敕赐白家疃贤王允祥祠祭田碑

允祥祠祭田碑 汉文，雍正十年（1732）立。今存北京市海淀区白家疃村白家疃小学院内。因碑文漫漶，难以准确解读。碑中主要记载了设立贤王祠祭田的缘由以及缴纳祭银的办法，并要将清册刻于碑上记之。

拓片 选自《拓本汇编》。

63. 敕赐白家疃贤王允祥祠祭田清册碑

允祥祠祭田清册碑 汉文，今立于敕赐白家疃贤王祠祭田碑右侧。碑中记录了缴纳祭银旗民名单。

贤王祠内遗物 碑座与建筑构件。

贤王祠山门 位于北京市海淀区温泉镇白家疃村白家疃小学院内。

贤王祠山门门额 额题汉文“贤王祠”。

贤王祠内的石碑 右为敕赐白家疃贤王祠祭田碑，左为敕赐白家疃贤亲王祠祭田清册碑。

64. 多罗恂勤郡王允禵墓碑

允禵　爱新觉罗氏，满洲镶蓝旗。康熙帝第十四子。康熙四十八年（1709），封贝子。五十七年，授抚远大将军，征策妄阿喇布坦，率军驻守西宁，主持西北战事。五十九年，指挥平逆将军延信率兵入藏，将准噶尔部大策凌敦多布军驱逐出西藏，并护送新封（六世）达赖喇嘛进藏，在拉萨举行了坐床仪式，平定了西藏的叛乱。雍正帝即位，召回允禵参加康熙帝葬礼，因其卷入夺嫡之争，被解除军权。雍正元年（1723），封郡王。三年，以在大将军任内，侵扰地方，靡费军帑，降贝子。四年，被监禁。乾隆帝即位后，获释。乾隆十三年（1748），晋封恂郡王。二十年，病故，享年六十八岁，谥号“勤”。

允禵墓碑　满汉文合璧，乾隆二十年（1755）立。今立于天津市蓟州区石头营村。

碑身

碑额

额题 满汉文“敕建”。

允禵、弘明父子墓碑 在恂郡王园寝内，左为允禵，右为弘明。

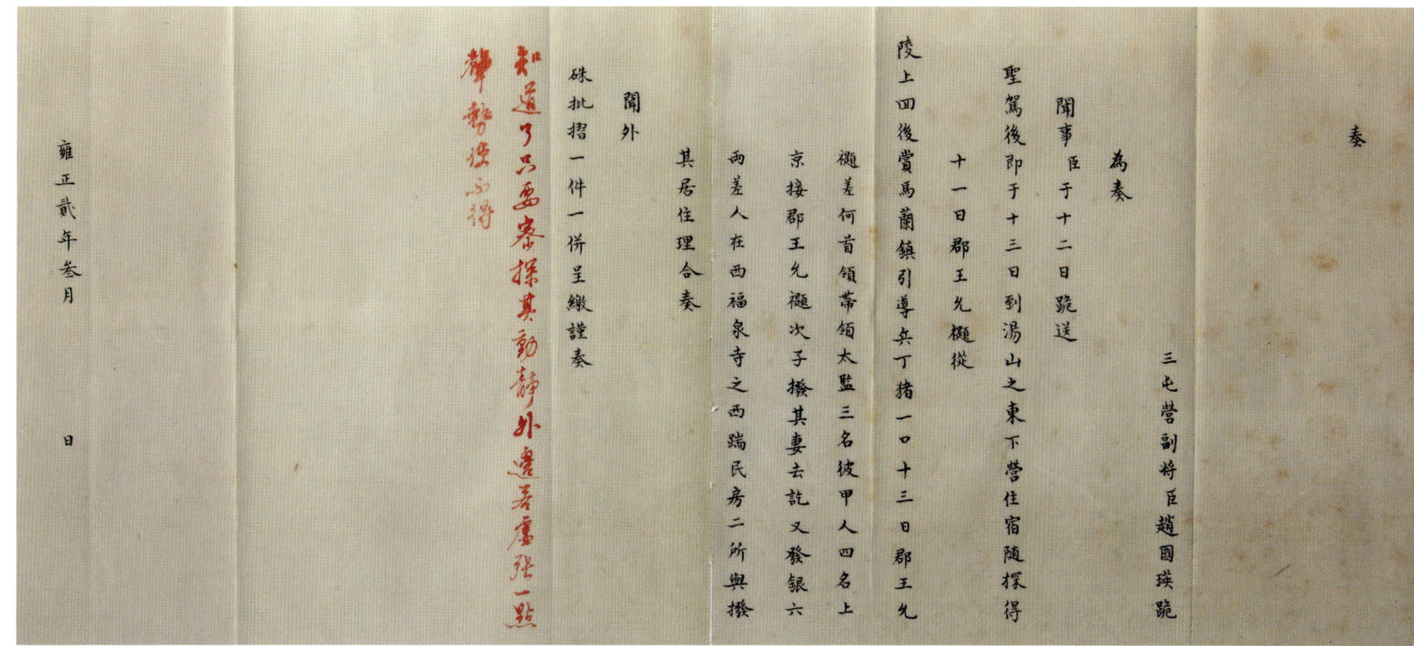

奏

三屯營副將臣趙國瑛謹

為奏

聞事臣于十二日跪送

聖駕後即于十三日到湯山之東下營住宿隨探得

十一日郡王允禵從

陵上回後賞馬蘭鎮引導兵丁豬一口十三日郡王允

禵差何首領帶領太監三名披甲人四名上

京接郡王允禵次子撥其妻去訖又發銀六

兩差人在西福泉寺之西端民房二所與撥

其居住理合奏

聞外

硃批摺一件一併呈繳謹奏

知道了只要察探其動靜外還要廣訪一點

聲勢使不得

雍正貳年叁月　日

奏报郡王允禵生活情形折　折中朱批反映出雍正帝监控允禵的情景。选自《清世宗文物大展》。

寿皇殿　位于北京市景山公园内，允禵曾被监禁在这里。雍正帝命他面对先皇画像，追思教养之恩，以便悔改。乾隆帝登基后将其释放。

雍正四年五月十七日召入文武大臣奉
上諭歷年以來朕之數弟昏昧無知不安本分
其奸僞逆亂之行爾衆大臣從前雖畧曉一
二何能盡知爾等且不能盡知外間小人又
何由知之伊等爲人存心行事朕因三四十
年共在一處知之甚悉伊等僭妄之心悖逆
之行及其黨羽於國家大有關係阿其那等
歷年傷
皇考之心不孝不忠結爲黨援擾亂國家其罪倍
甚於二阿哥從前阿其那塞思黑允禵允禟
等共爲黨羽包藏禍心將不守本分詭隨之
人百計千方引誘交結又將生事宄亂喇嘛
僧道醫卜棍徒優人之屬種種貪利小人留
心收攬重利賄買各致死命以爲伊等在各
處稱揚伊等美名串通內外奸僞之人希圖
大位有不入其黨者卽妄加危言以恐嚇之
故不爲其所籠絡不爲其所欺蒙者蓋少國
家被其擾亂人心受其蠱惑外則與阿靈阿
則與
皇考御前侍衛拜唐阿太監等鑽營交結探聽一
切喜怒信息若非我
皇考神明聖智心如金石未有不爲伊等詭秘之

允禩集团历年来“奸伪逆乱之行”上谕（局部） 雍正帝认定其弟允禵等为该集团成员，故在雍正四年（1726）五月十七日宣布此上谕。选自《文物研究丛书·明清档案卷》。

抚远大将军西征图 图中描绘以抚远大将军允禵为统帅的西征军，进入西藏拉萨的情景。此战平定了准噶尔部策旺阿喇布坦在西藏发动的叛乱，维护了国家的统一。选自《清史图典·康熙朝》。

65. 多罗贝勒弘明墓碑

弘明　爱新觉罗氏，允禵第二子。康熙四十四年（1705），为嫡福晋完颜氏所生。雍正十三年（1735），封贝勒。乾隆三十二年（1767），去世，享年六十岁，谥号“恭勤”。

弘明墓碑　满汉文合璧，乾隆三十二年（1767）立。今立于天津市蓟州区石头营村。

碑身

碑额 额题满汉文“敕建”。

碑座

66. 和硕果毅亲王允礼墓碑

允礼 爱新觉罗氏，满洲正红旗。康熙帝第十七子。雍正元年（1723），封果郡王，管理理藩院事务。六年，以实心办事，操守清廉，晋果亲王。其后分别掌管户部、工部。十二年，奉命护送达赖喇嘛还藏，沿途视察诸省驻防及绿营兵。雍正帝病危，受遗诏辅政。乾隆帝即位，任总理事务大臣，赐亲王双俸，宴见免叩拜。曾奏请蠲免江南各省民欠漕粮、芦课、学租、杂税，获批准，因而获“秉性忠直”“存心宽厚”之美誉。乾隆三年（1738），去世，时年四十二岁，谥号“毅”。著有《工程做法》《春和堂集》。

允礼墓碑 满汉文合璧，乾隆三年（1738）立。今立于河北省易县上岳各庄村。

碑身

碑额　额题漫漶，难以辨认。

碑座

允礼戎装画像与自题文　画像由郎士宁绘制。选自《清史图典·乾隆朝》。

园寝享殿遗址

园寝宝顶

园寝建筑遗址

67. 和硕果毅亲王允礼书御制重修拈花寺碑

允礼书御制重修拈花寺碑 汉文，雍正十二年书。原址在北京市西城区德胜门东大街，今存北京石刻艺术博物馆。

碑身

碑额 额题漫漶严重，难以辨认。

碑座

碑身局部（上）

碑身局部（中）

碑身局部（下）

68. 和硕果毅亲王允礼赐徐子茂诗碑

允礼赐徐子茂诗碑 汉文，雍正十三年（1735），允礼撰并书。今存陕西省西安市碑林。

印章

69. 和硕果毅亲王允礼西安望太白积雪诗碑

允礼西安望太白积雪诗碑 汉文，雍正年间，允礼撰并书。今存陕西省西安市碑林。

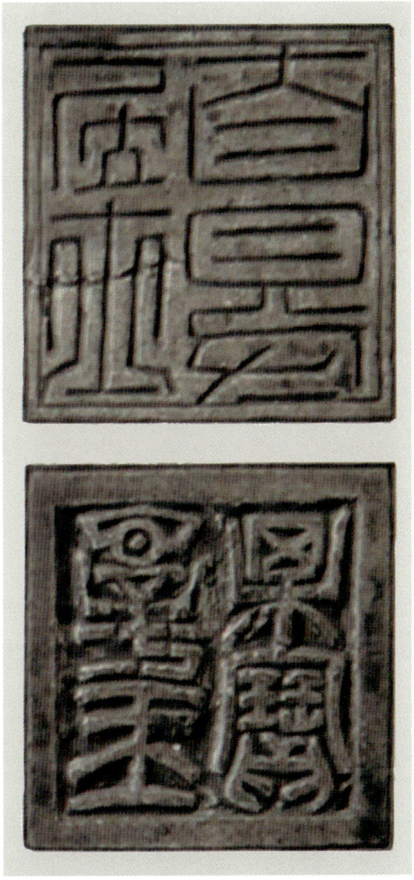

印章

70. 和硕果毅亲王允礼西安骊山温泉诗碑

允礼西安骊山温泉诗碑 汉文，雍正年间，允礼撰并书。今存陕西省西安市碑林。

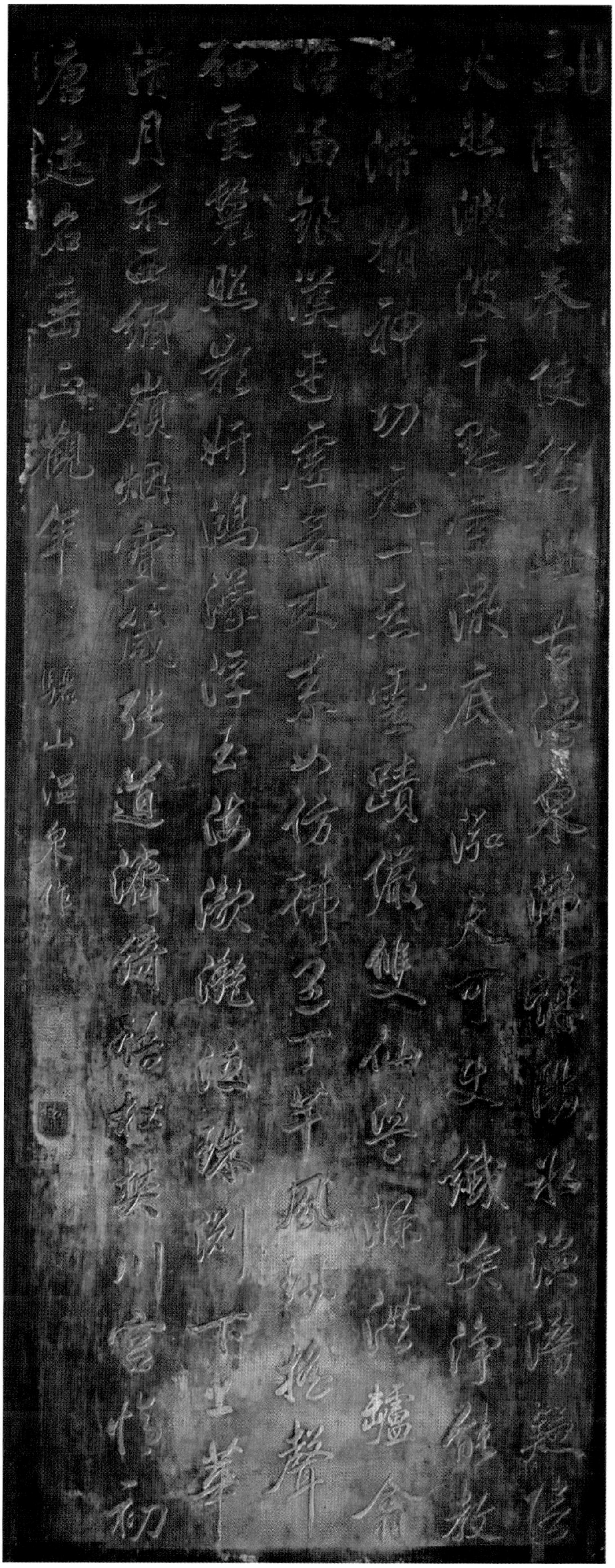

碑身

印章

71. 和硕果毅亲王允礼西安即景诗碑（一）

允礼西安即景诗碑（一）（中） 汉文，雍正年间，允礼撰并书。今存陕西省西安市碑林。

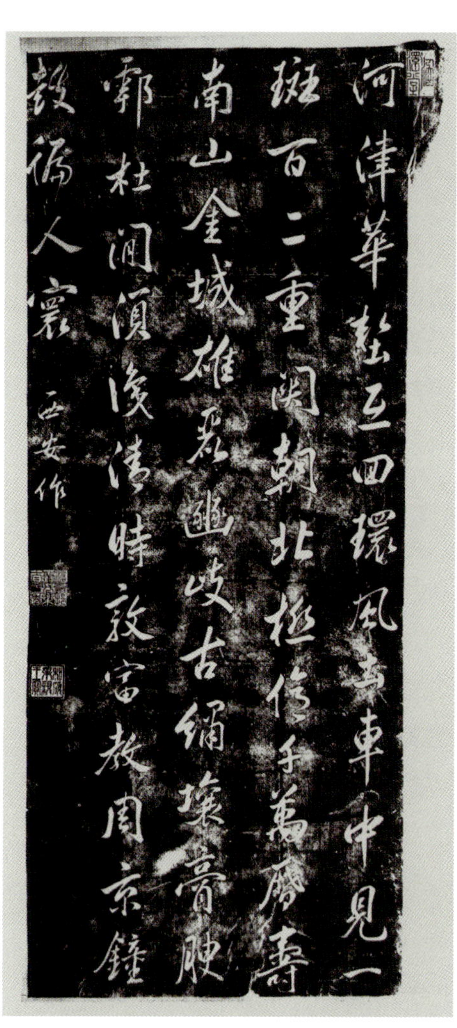

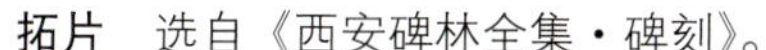

拓片 选自《西安碑林全集·碑刻》。

印章

西安碑林展厅局部 允礼西安即景诗碑（一）（右三）、允礼西安即景诗碑（二）（右四）、允礼西安骊山温泉诗碑（右五）。

72. 和硕果毅亲王允礼西安即景诗碑（二）

允礼西安即景诗碑（二） 汉文，雍正年间，允礼撰并书。今存陕西省西安市碑林。

碑身

印章

73. 和硕和勤亲王永璧墓碑

永璧　爱新觉罗氏，雍正帝第五子和恭亲王弘昼第二子，为第二代和亲王。雍正十一年（1733），出生。乾隆二十一年（1756），封不入八分辅国公。初在乾清门行走，后升任都统。三十五年，袭封和亲王。三十七年，去世，时年四十岁。乾隆帝遣皇四子永城前往祭奠，加恩赏内库银三千两治丧，谥号“勤”。

永璧墓碑　满汉文合璧，乾隆三十七年（1772）立。今立于北京市顺义区庄子营。

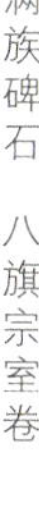

额题 满汉文“敕建”。

碑额

碑身局部

74. 多罗果恭郡王弘瞻墓碑

弘瞻　爱新觉罗氏，满洲正红旗。雍正帝第六子。乾隆三年（1738），弘瞻奉旨过继和硕果毅亲王允礼为嗣，袭封和硕果亲王。先后管理武英殿、圆明园八旗护军、御书处、御药房、蒙古正白旗都统事务。十九年，管理造办处事务。弘瞻善诗词，好藏书；居家节俭却喜聚财。二十八年（1763），圆明园九州清宴殿发生火灾，弘瞻后至，而且举止不当；待母妃刻薄。乾隆帝斥责其行为不端，将其降为贝勒，从此闭门闲居。三十年，因病，乾隆帝前往探视，后复封郡王；同年去世，年仅三十三岁，谥号“恭”。

弘瞻墓碑　满汉合璧，乾隆三十年（1765）立。今立于河北省易县下岳各庄村。

碑额 额题漫漶，难以辨认。

碑亭基石

碑身局部

园寝宫门

园寝享殿断壁

园寝围墙

园寝宫门前石狮

园寝东朝房

园寝宝顶

园寝地宫

75. 成哲亲王永瑆题岳鄂王墓碑

永瑆　别号诒晋主人。爱新觉罗氏，满洲正红旗。乾隆帝第十一子。乾隆五十四年（1789），封成亲王。嘉庆四年（1799），任军机大臣，总管户部三库；同年，和珅伏诛后，赐以籍没园第。后以亲王领军机不合定制而被罢免。十八年，因在紫禁城内奋力督捕攻入皇宫的林清起义军而免除一切处分。二十四年，因祭地坛赞引有误，而遭罢免，令其闭门思过。自幼精专书法，造诣较深。曾撰“拨镫法”，论述书法理论及三指握笔悬腕作书之法。嘉庆帝曾命其书裕陵神功圣德碑；还令其将平日所书自行选择，刻为《诒晋斋帖》，并以手诏为序，刻成后颁赏群臣。著有《诒晋斋诗文集》《诒晋斋随笔》《苍龙集》等。道光三年（1823），去世，享年七十二岁，谥号“哲”。

永瑆题岳鄂王墓碑　汉文，乾隆四十九年（1784）题。今存浙江省杭州市岳王庙。

76. 成哲亲王永瑆书裕陵碑

永瑆书裕陵碑　满文与汉文，嘉庆四年（1799）题立。今存河北省遵化市清东陵裕陵碑亭内。

汉文碑碑身局部

77. 成哲亲王永瑆奉旨摹勒折碑

永瑆奉旨摹勒折碑 汉文，嘉庆九年（1804）书。今存北京石刻艺术博物馆。

局部（右）

局部（左）

78. 成哲亲王永瑆书吕洞宾撰群仙高会赋碑

永瑆书吕洞宾撰群仙高会赋碑 汉文，嘉庆十二年（1807）书。今存北京石刻艺术博物馆。

局部（右）

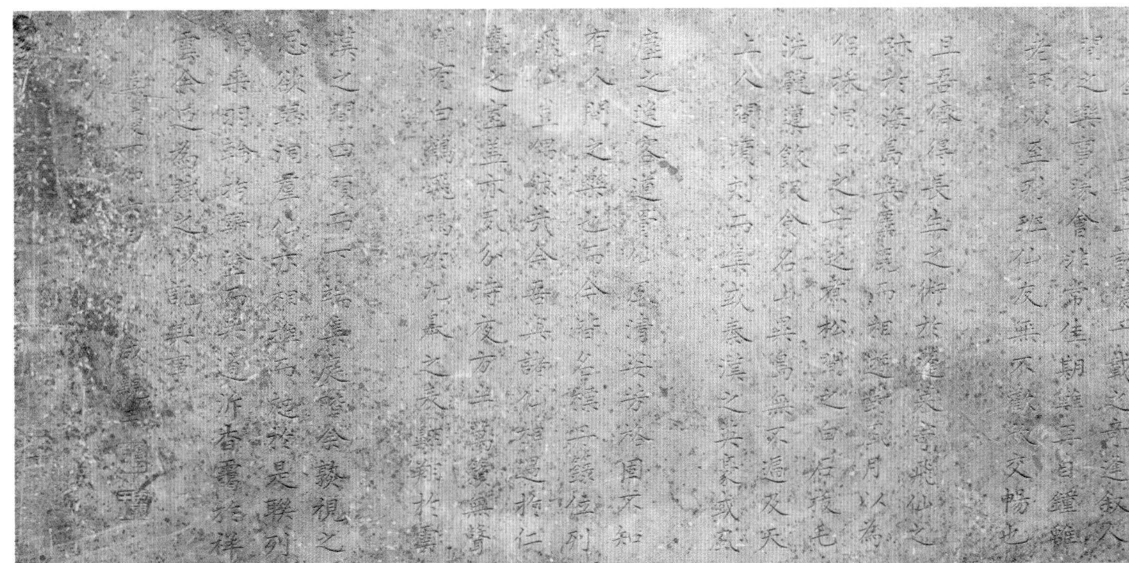

局部（左）

79. 成哲亲王永瑆书归去来辞碑

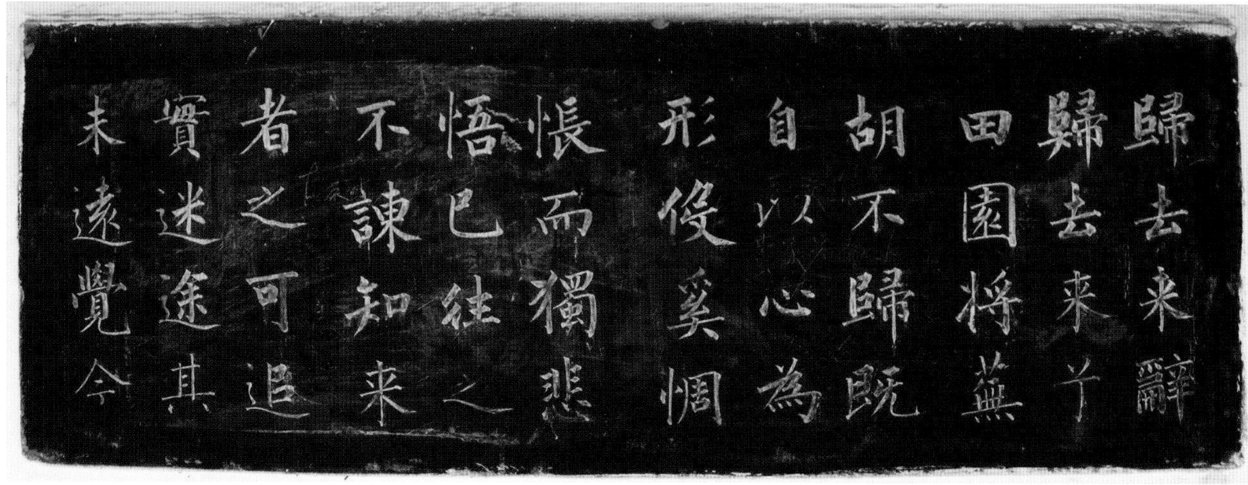

永瑆书归去来辞碑之一 汉文，嘉庆十一年（1806）刻，本图录只选6通。今存江苏省镇江市焦山万佛塔园内。

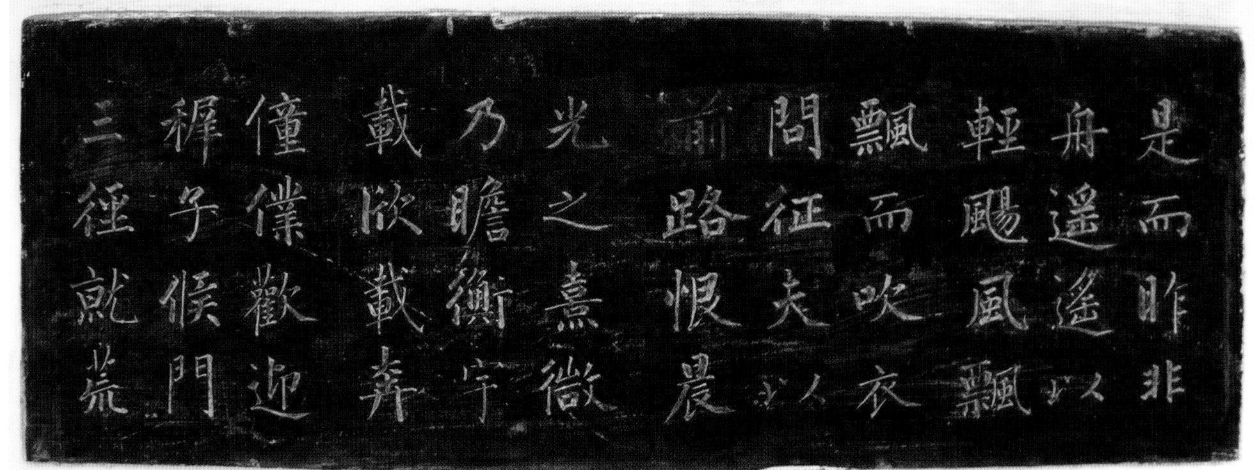

永瑆书归去来辞碑之二

永瑆书归去来辞碑之三

永瑆书归去来辞碑之六

永瑆书归去来辞碑之七

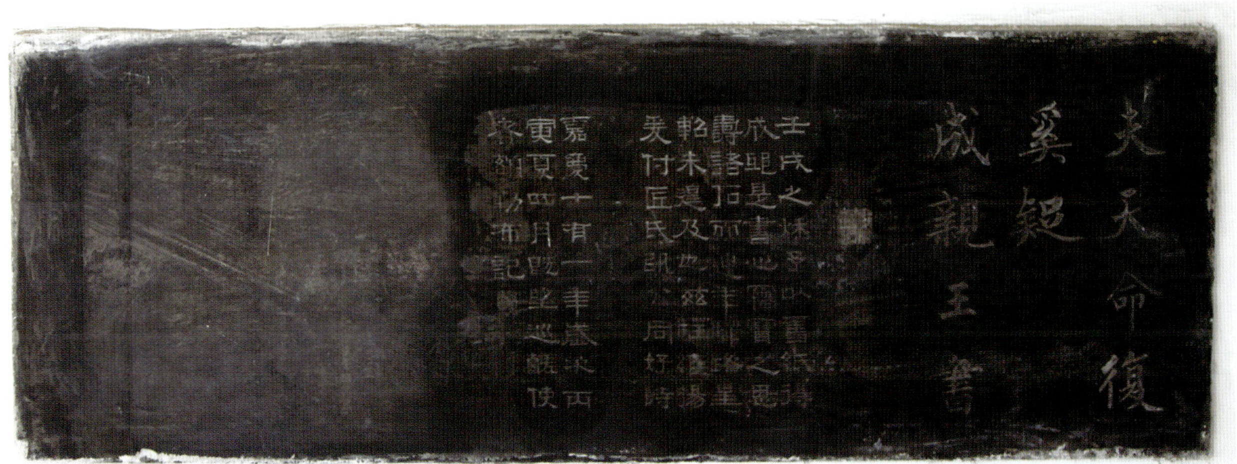

永瑆书归去来辞碑之八

80. 成哲亲王永瑆临赵孟頫书碑

永瑆临赵孟頫书碑 汉文，嘉庆十二年（1807）刻。今存浙江省杭州市碑林。

拓片 选自《杭州孔庙·法帖类》。

81. 成哲亲王永瑆题写碑

永瑆题写碑 汉文，乾、嘉年间题。今存浙江省杭州市胡雪岩旧居。

82. 成哲亲王永瑆楷书韩愈《进学解》碑

永瑆楷书韩愈《进学解》碑之一　汉文，乾、嘉年间书，本图录只选四通。今存沈阳故宫博物院碑石馆。

永瑆楷书韩愈《进学解》碑之二

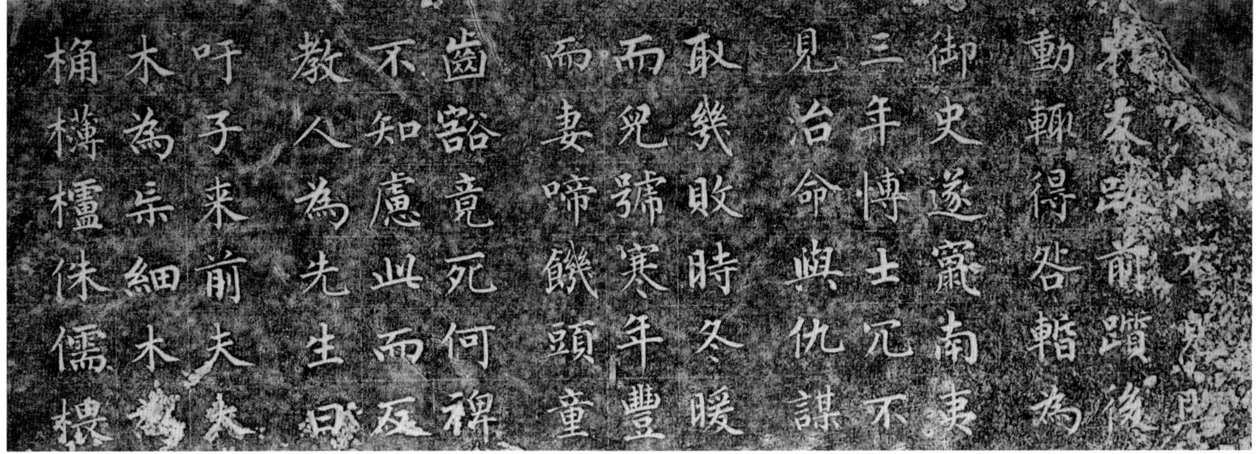

永瑆楷书韩愈《进学解》碑之三

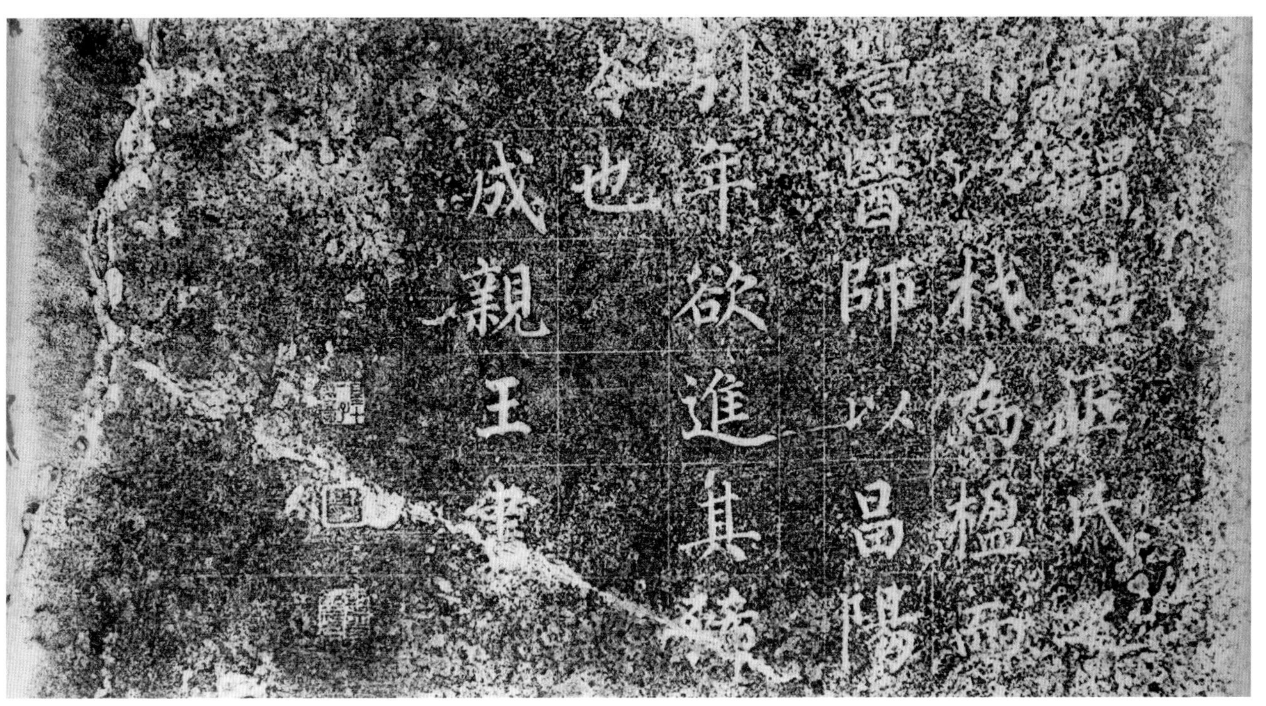

永瑆楷书韩愈《进学解》碑之四

83. 成哲亲王永瑆题写石庵相国雅鉴碑

永瑆题写石庵相国雅鉴碑 汉文，乾、嘉年间题写，2007年立。今存山东省泰安市岱庙。

碑身

84. 重修庆僖亲王永璘墓碑

永璘　爱新觉罗氏，乾隆帝第十七子。乾隆五十四年（1789），封贝勒。嘉庆四年（1799），晋惠郡王。不久，又改封庆郡王。和珅服法后，赐以籍没之宅。五年，以祝颖贵太妃七十寿未奏明，命退出乾清门，留内廷行走。二十一年，又因乾清宫开筵，其子绵慜有违规定，予以罚俸惩治。二十五年，病危，晋庆亲王；同年，去世，时年五十五岁，谥号“僖”。庆良亲王绵慜、庆密亲王奕劻以及福晋、公主死后，葬于庆僖园寝周围。

重修永璘墓碑　汉文，2010年立。今立于北京市昌平区白羊城村。

园寝宝顶

重修永璘御赐碑 汉文，2010年立。今立于重修永璘墓碑左侧。

园寝石桥

园寝用房

园寝遗物

园寝宫墙

85. 庆僖亲王永璘岳武穆墓题诗碑

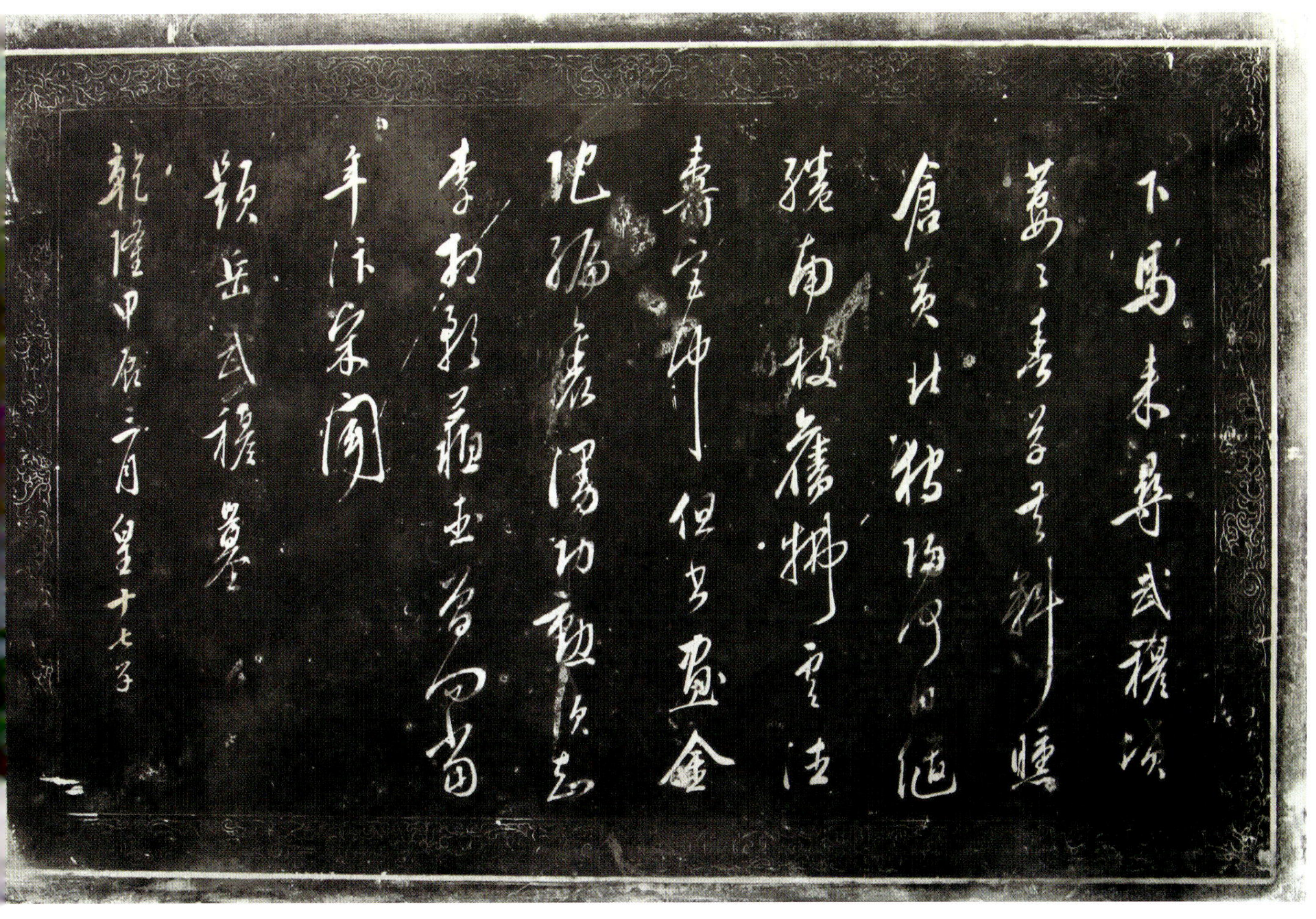

永璘岳武穆墓题诗碑 汉文，乾隆四十九年（1784）题。今存浙江省杭州市岳王庙。

86. 重修和硕庆密亲王奕劻墓碑

奕劻　爱新觉罗氏，满洲镶蓝旗。永璘之孙。道光三十年（1850），袭辅国将军。咸丰年间，晋升贝勒。同治十一年（1872），加郡王衔，任御前大臣。光绪十年（1884），任总理各国事务衙门大臣，晋升郡王。次年，会同醇亲王奕譞办理海军事务。光绪二十年，晋封庆亲王。二十六年，会同李鸿章与各国议和，签订丧权辱国的《辛丑条约》。二十七年，总理外务部。二十九年，任领衔军机大臣，仍总理外务部；责任内阁成立后，出任总理大臣，主管军国政务，权倾朝野。武昌起义后，举荐袁世凯入京代为总理大臣，而自任弼德院总裁。清帝退位后，避居天津德国租界。1918年病故，享年八十三岁。曾被封为铁帽子王，子孙世袭罔替。

重修奕劻墓碑　汉文，2010年立。今立于北京市昌平区白羊城村碑亭内。

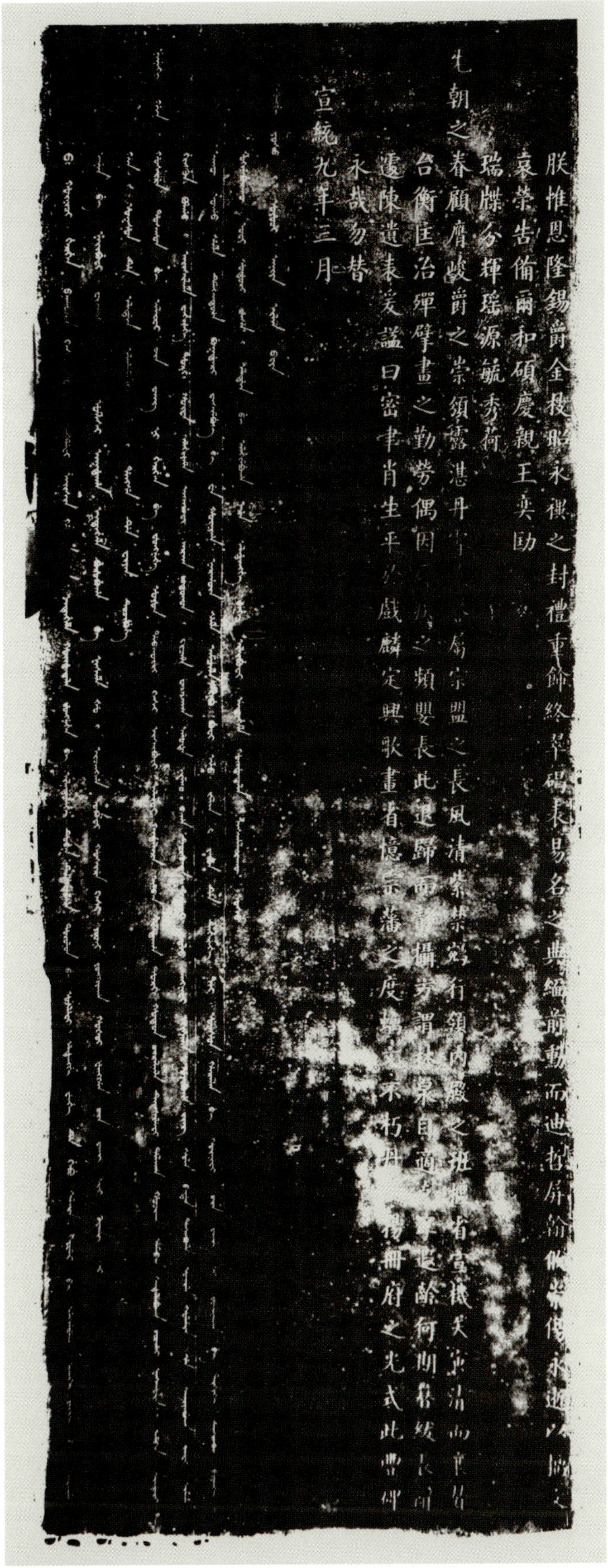

原墓碑拓片　选自《拓本汇编》。

奕劻旧照　选自《故宫珍藏人物照片荟萃》。

和硕庆亲王鎏金印

印文　满汉合璧，左为满文篆书，右为汉文篆书。选自《清史图典·光绪朝》。

奕劻（前排左三）、那桐（前排左四）等官员合影 选自《莫理循眼里的近代中国·北京的莫理循》。

奕劻墓碑碑亭

87. 定亲王绵德泰山恭瞻诗碑

绵德　爱新觉罗氏，乾隆帝长子永璜的长子。乾隆十五年（1750），袭定亲王。三十七年，降郡王。四十一年，因事夺爵。四十二年，封镇国公。四十九年，晋封贝子。五十一年，去世。

绵德泰山恭瞻诗碑　汉文，乾隆三十七年（1772）作。今存山东省泰安市岱庙。

88. 定亲王奕绍作并书诗碑

奕绍　爱新觉罗氏，为乾隆帝长子永璜之子定恭亲王绵恩的次子。嘉庆四年（1799），封为不入八分辅国公。七年，晋封辅国公。八年，又晋封为贝子。二十四年，再晋封为贝勒。道光二年（1822），承袭父绵恩定亲王。十六年，去世，谥号“端”。其长子载铨袭封定亲王。

奕绍撰并书诗碑　汉文，道光十二年（1832）至十五年作。今存山东省泰安市岱庙。

碑身

89. 多罗瑞敏郡王奕志墓碑

奕志　原名奕约。爱新觉罗氏，嘉庆帝第四子瑞亲王绵忻之子。道光八年（1828），袭瑞郡王。三十年，去世，谥号“敏”。

奕志墓碑　满汉文合璧，咸丰元年（1851）立。今立于北京市海淀区门头沟村。

碑额

额题 满汉文“敕建”。

碑身

90. 和硕恭忠亲王奕䜣撰书题跋碑

奕䜣　爱新觉罗氏，道光帝第六子。道光三十年（1850），封为恭亲王。咸丰三年（1853），任军机大臣，其后历任都统、宗令、内大臣。十年，咸丰帝热河避难，令其留京求和，与英、法、俄等国签订《北京条约》；同年，授命总理各国事务衙门事。十一年，咸丰帝病逝，参与辛酉政变，拥立两宫太后垂帘听政，加封其为议政王，总领军机处及总理各国事务衙门，任内力行洋务新政。同治四年（1865），因事罢议政王号。光绪十年（1884），被撤全部职事，居家养疾。二十年，官复原职。二十四年，病故，享年六十七岁，谥号“忠”，封为铁帽子王。子孙世袭罔替。

奕䜣撰书题跋碑　汉文，光绪十五年（1889）题。碑右是奕䜣题跋，碑左是奕譞题跋。今存北京市恭亲王府院内。

余昔年尊藏
成廟御筆畫菊扇面畫蘭横幅二件商同樸菴弟摹勒上石俾
至寶可永遠流傳於世庶稍展子臣昆季欽存
手澤之思恍至集句專用唐太宗之詩不雜以文人詞客亦取夫貞觀之治功德
兼隆開有唐三百年風雅之基未有盛於斯者祇以題不再見字避重複
為集律體裁故對語未能悉就工穩是詩也作紀事觀可也作賡颺
聖藻觀可也詩云乎哉謹識數語以伸孺慕
菊岸初含蕊園花飛碎黄良辰追逸趣淑景媚蘭場　向日分千笑和風扇
八荒韶光開令序歇節啟新芳
光緒己丑季春　子臣奕訢敬集

碑身局部

碑阴碑身 道光八年（1828），道光帝所绘两幅画。

碑阴碑身局部（上） 道光帝画菊扇面。首款题写："东篱逸趣"，印章：道光御笔；落款题写：道光戊子御笔，印章：道光。

碑阴碑身局部（下） 道光帝画兰横幅，上款题写："清芬晓露丛"，印章：养正书画；落款题写：御笔，印章：道光。左下角：和硕恭亲王子臣奕䜣尊藏墨宝、和硕醇亲王子臣奕譞摹勒上石。

91. 和硕恭忠亲王奕䜣撰并书重修万寿寺戒坛记碑

奕䜣重修万寿寺戒坛碑 汉文，光绪十七年（1891）撰并书。今存北京市戒台寺。

碑额　额题汉文“重修万寿寺戒坛记”。

碑座

印章

印章

碑身

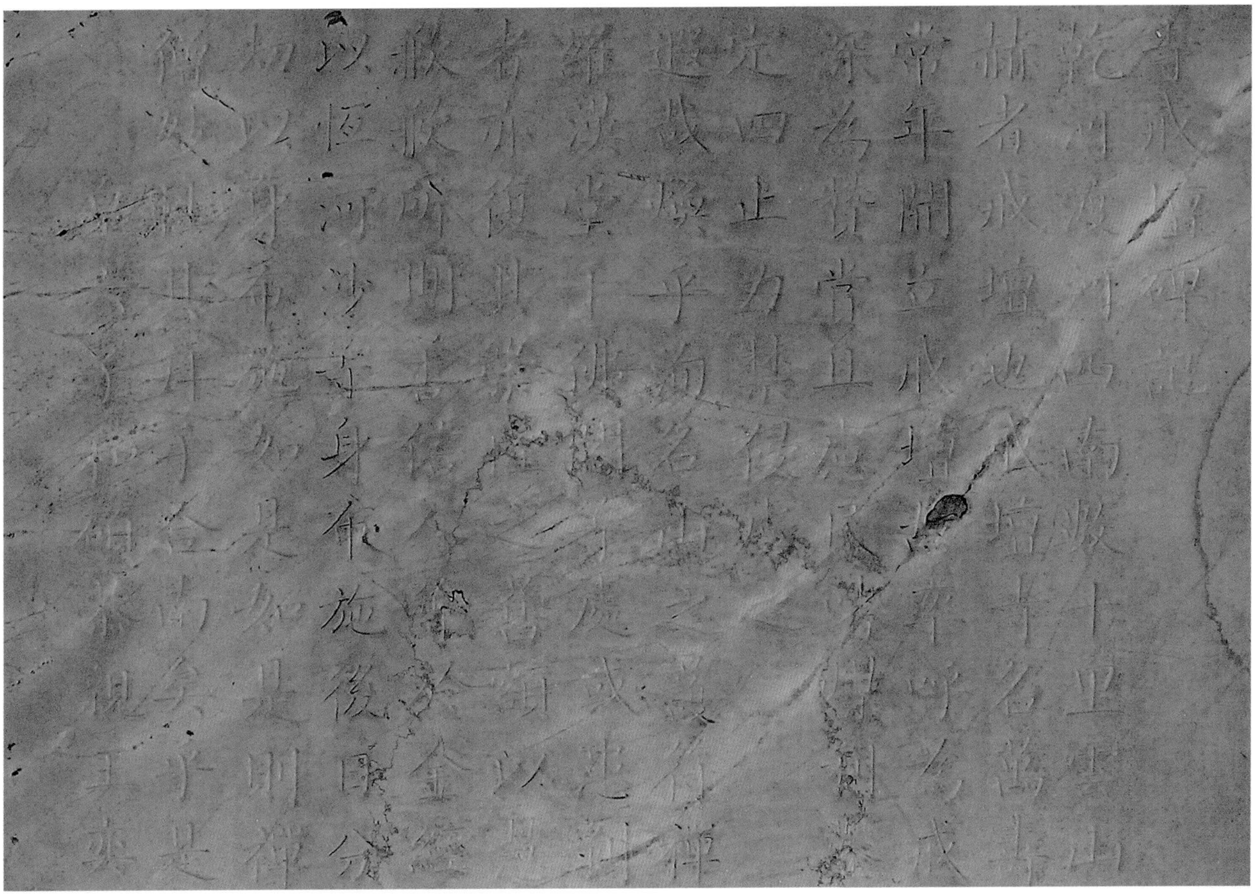

碑身局部（一）

碑身局部（二）

92. 和硕恭忠亲王奕䜣题写卧龙松碑

奕䜣题写卧龙松碑 汉文，光绪年间立。今存北京市戒台寺。

戒台寺卧龙松

戒台寺山门殿

93. 和硕恭忠亲王奕䜣石牌坊

奕䜣汉白玉石牌坊　汉文，光绪二十四年（1898）立。今立于北京市昌平区麻峪村。

奕䜣汉白玉石牌坊坊额　额题汉文“履祥锡祜”。

石牌坊左柱

石牌坊右柱

94. 和硕醇贤亲王奕譞墓碑

奕譞　爱新觉罗氏，道光帝第七子，咸丰帝异母弟，光绪帝之生父。咸丰帝即位，封醇郡王。咸丰十一年（1861），参与慈禧与奕䜣发动的辛酉政变。同治帝即位，命免宴见叩拜，奏事书名殊遇。曾任都统、御前大臣、领侍卫内大臣，掌管京旗神机营。同治十一年（1872），晋封醇亲王。十三年，同治帝病逝，立其第二子即慈禧亲外甥载湉继承帝位，是为光绪帝。光绪十年（1884），以其嫡福晋为慈禧太后亲妹之故，取代奕䜣掌握大政。次年，设海军衙门，即以亲王总理之。当时人称其自持谦谨，操守为诸王之冠。十七年，去世，时年五十二岁，谥号“贤”。封为铁帽子王，子孙世袭罔替。

奕譞墓碑　满汉文合璧，光绪十八年（1892）立。今立于北京市海淀区北安河村奕譞园寝碑亭内。

碑身

碑身

拓片　选自《拓本汇编》。

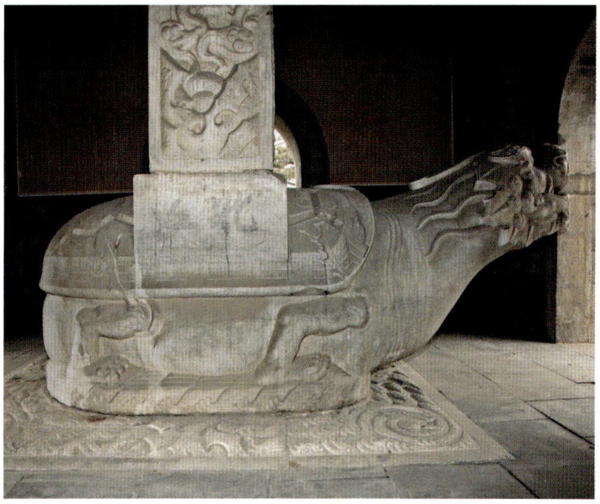

碑座

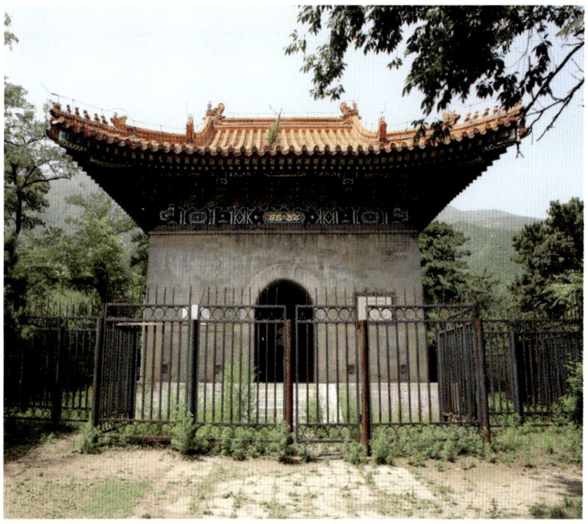

碑亭

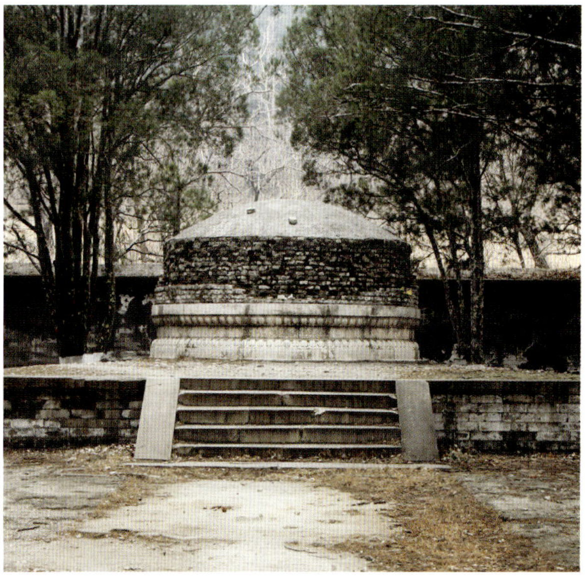

奕谖和福晋叶赫那拉氏宝顶

95. 和硕醇贤亲王奕譞看过妙高峰风水志喜作序并书碑（碑阴预杜妄论奏疏）

奕譞看过妙高峰风水志喜作序并书碑 汉文，同治七年（1868）九月十九日，奕譞作序并书。今立于奕譞园寝内。

碑身

同治戊辰九月十九日看定妙高峰風水志喜并序
余夏間病後氣弱弗克趨公蒙
慈恩
聖恩賞假至蔚秀園小住旬餘復往西山響塘廟避暑其
廟為太監王照祿王正光等創建皆隨余舊僕也素
性樸誠行復清潔邈世山居深洽余宿好偶話及是
處林巒之妙王照祿曰余尚無園寢深為系念告余
山南有九龍口者九峰環抱局勢頗佳欣然倩堪輿
托其往視奈伊竟無可否秋間有堪輿李唐字堯
民深通斯術於是請假邀與俱往周視上下據云此
高地狹萬難適用乃索然思返王照祿復告以山北
最高之峰名妙高峰並往視之余尚未獲車移
克圖太監曹進壽從旁敦勸姑為一遊北行二十餘
里甫露峯嵐堯民即遥矚稱善至廟[illegible]層嶂巍峨叢林
秀美徧山流水潺湲其源澄徹如鏡山高三里許憑
凌一望目極百里洵大觀也堯民深讚不已指古松
西北為來龍正脈點穴最佳余喜極不復狐疑一言
斷決念斯事切要而余看擇風水如此之速又如此
之佳實王照祿之力也喜唫長律記之
遊蹟探奇託名山幾度經平生耽夙好秘訣緬前刑
顧我心如結中人念獨惺寄身閒似衲防口守如瓶
清話頻炊黍浮蹤偶聚萍九峰陳歷歷十里策駟駉
未[illegible]精吉空勞玉勒停積誠機妙轉虛受語無聽
爰命輪蹏發重尋草木靈螺鬟殊解意鶴膝儼成
石湊玲瓏骨林開錦繡屏細流
分徑曲斜日印淵渟魚漾千頭碧龍盤百尺青
奇緣鍾造化佳氣鬱崢嶸實獲償虛願頻符
趁壯齡集謀同築舍決計異盈庭欵志嘉斯篤惶悚
勒誌銘從來多戚戚一笑付蒼冥
親王銜多羅醇郡王作并書

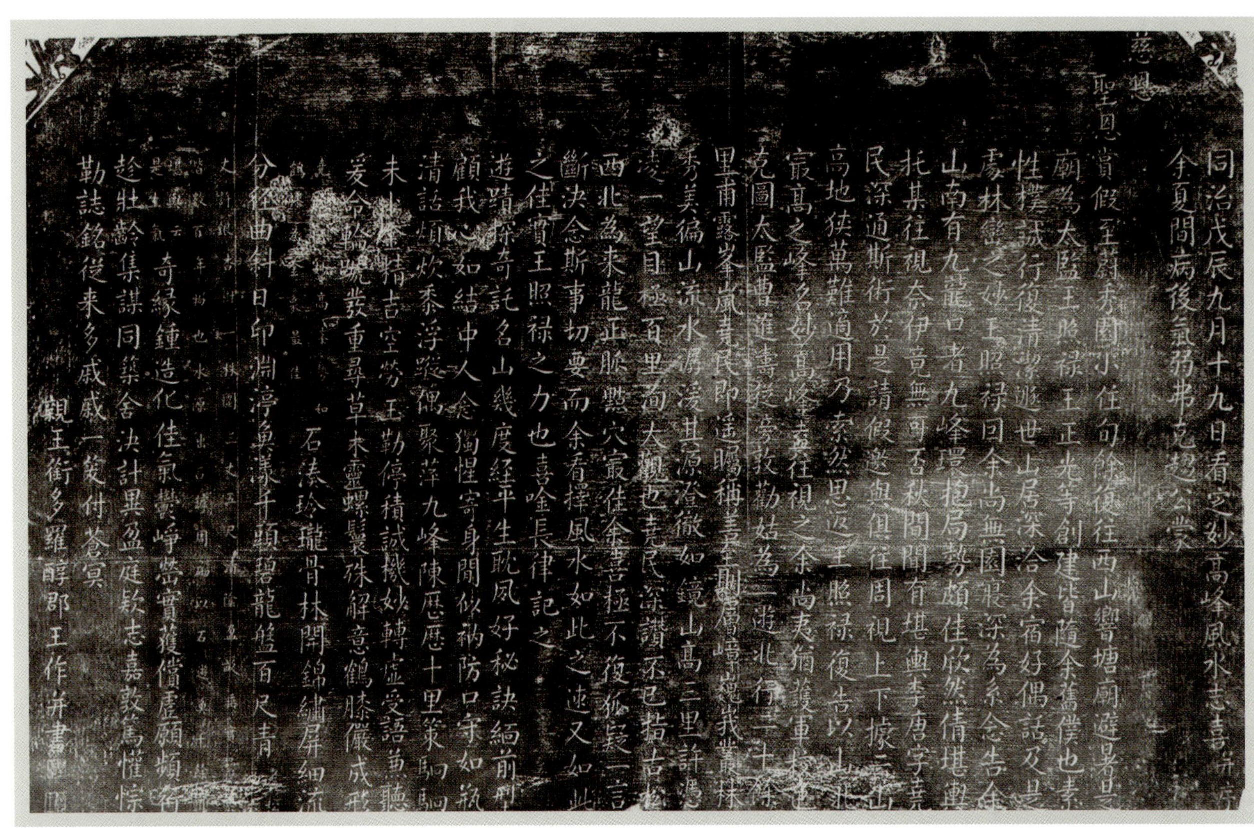

拓片　选自《拓本汇编》。

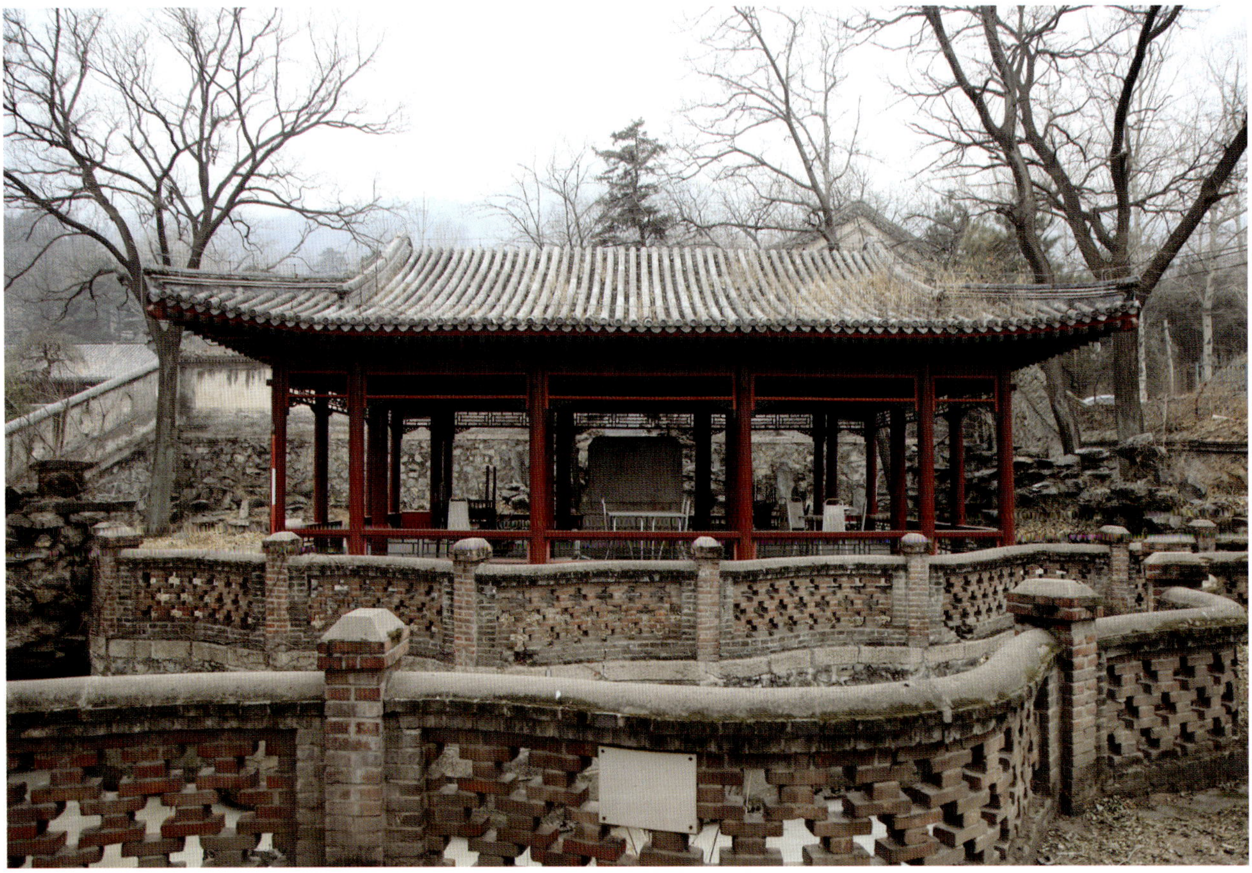

碑亭

碑阴碑身 碑中记载的是光绪十五年（1889）二月初二日的慈禧懿旨。懿旨中要求将奕譞《预杜忘论》奏疏通谕中外知晓。

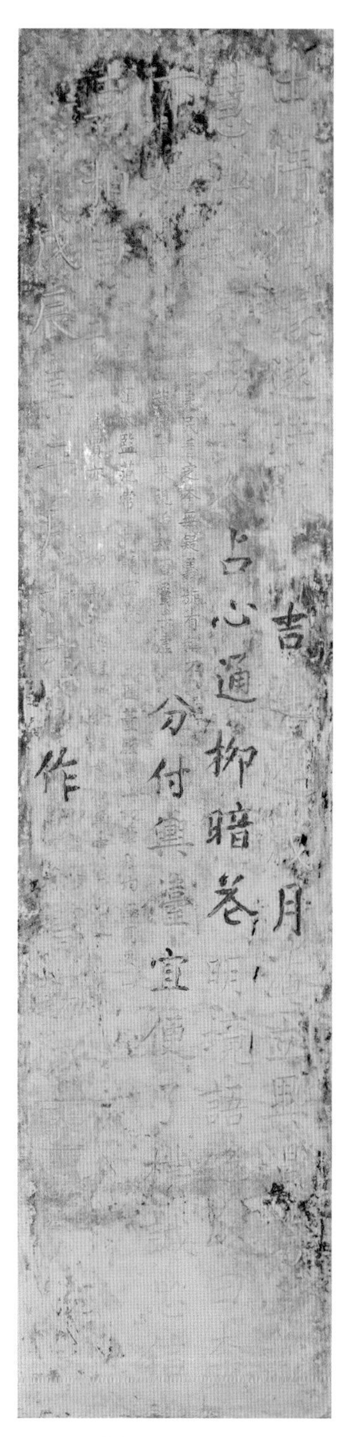

醇亲王诗刻 同治七年（1868）十二月十六日，奕譞作并书。刻在《看过妙高峰风水志喜作序并书》碑的两个侧面。

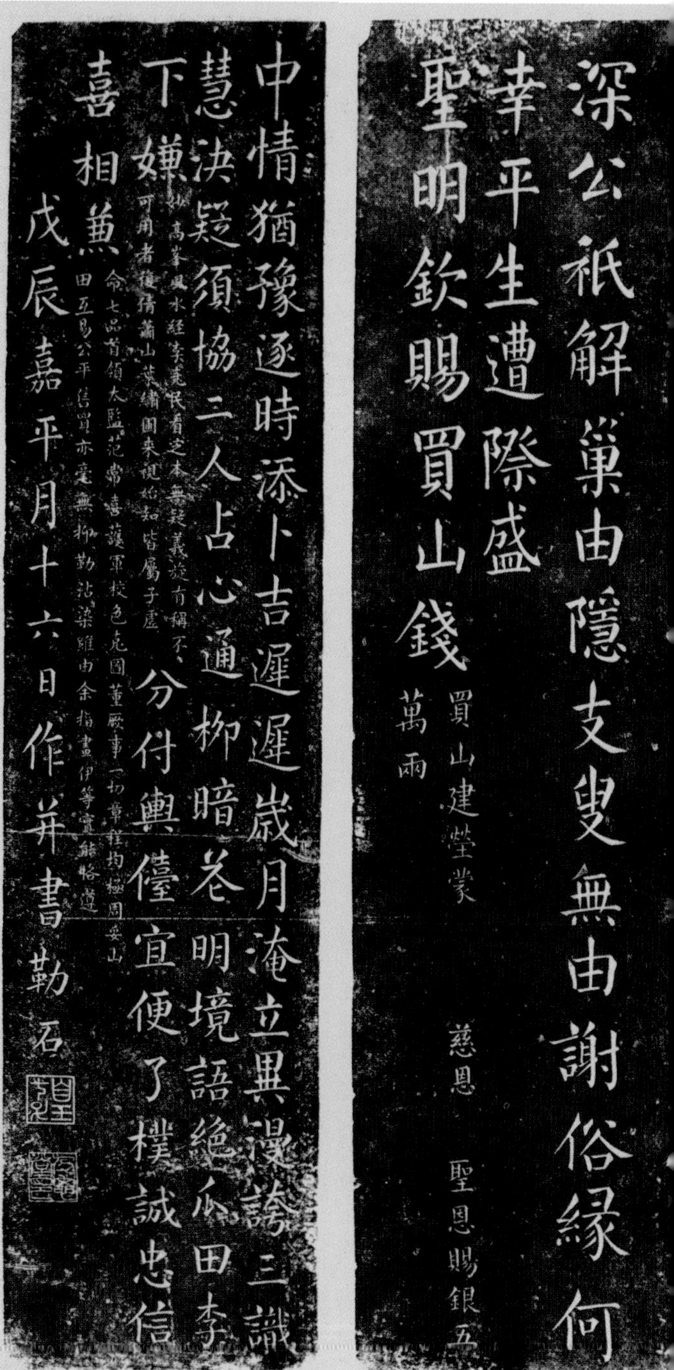

拓片 选自《拓本汇编》。

96. 和硕醇贤亲王奕譞别墅南便门额题

别墅南便门

题额 光绪二年（1876），奕譞题额“隔尘入胜”。

97. 和硕醇贤亲王奕譞侧福晋颜札氏墓碑

奕譞侧福晋颜札氏墓碑 汉文，光绪八年（1882）立。碑额额题“懿旨追封”。今立于园寝宝顶前。

碑阴　汉文，刻有光绪七年（1881）奕譞为悼念侧室颜札氏而作的诗。

98. 和硕醇贤亲王奕譞撰文伐枯死树碑

奕譞撰文伐枯死树碑 汉文，光绪八年（1882）立。今立于园寝宝顶前。

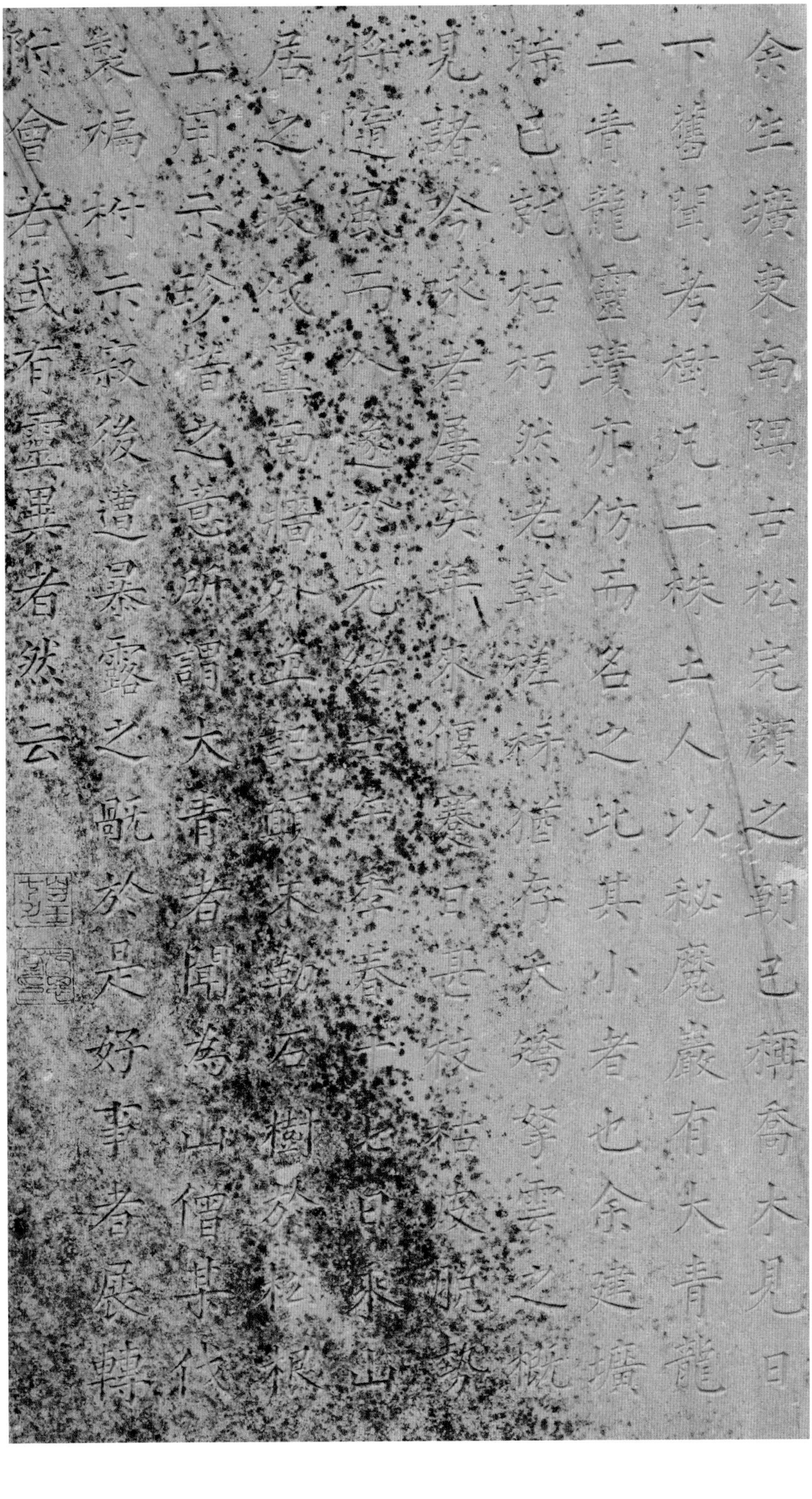

余生壙東南隅古松完顏之朝已稱喬木見日
下舊聞考樹凡二株土人以秘魔巖有大青龍
二青龍靈蹟亦仿而名之此其小者也余建壙
時已就枯朽然老幹槎枒猶存夭矯拏雲之概
見諸吟咏者屢矣年來偃蹇日甚枝枯皮脫勢
將墮焉而人遂於光緒壬辰春二日東山
居之後收置南牆外並記與朱勳石樹於松根
上用示珍惜之意所謂大青者聞爲山僧斫伐
製桶柎示寂後遭暴露之虧於是好事者展轉
附會若或有靈異者然云

碑身

99. 和硕醇贤亲王奕譞别墅花园题字碑

花园全景

花园一景

寒秋观瀑

漱石眠云

拨云磴

100. 和硕醇贤亲王奕譞后山花园题字碑

后山花园石刻园

云片

石枕流

一卷永镇

翠萝风

插云

101. 和硕醇贤亲王奕譞撰书题跋碑

奕譞撰书题跋碑 汉文，光绪十五年（1889）题。该题跋与奕䜣撰书题跋在同一碑上，碑右是奕䜣题跋，碑左是奕譞题跋。今存北京市西城区恭亲王府院内。

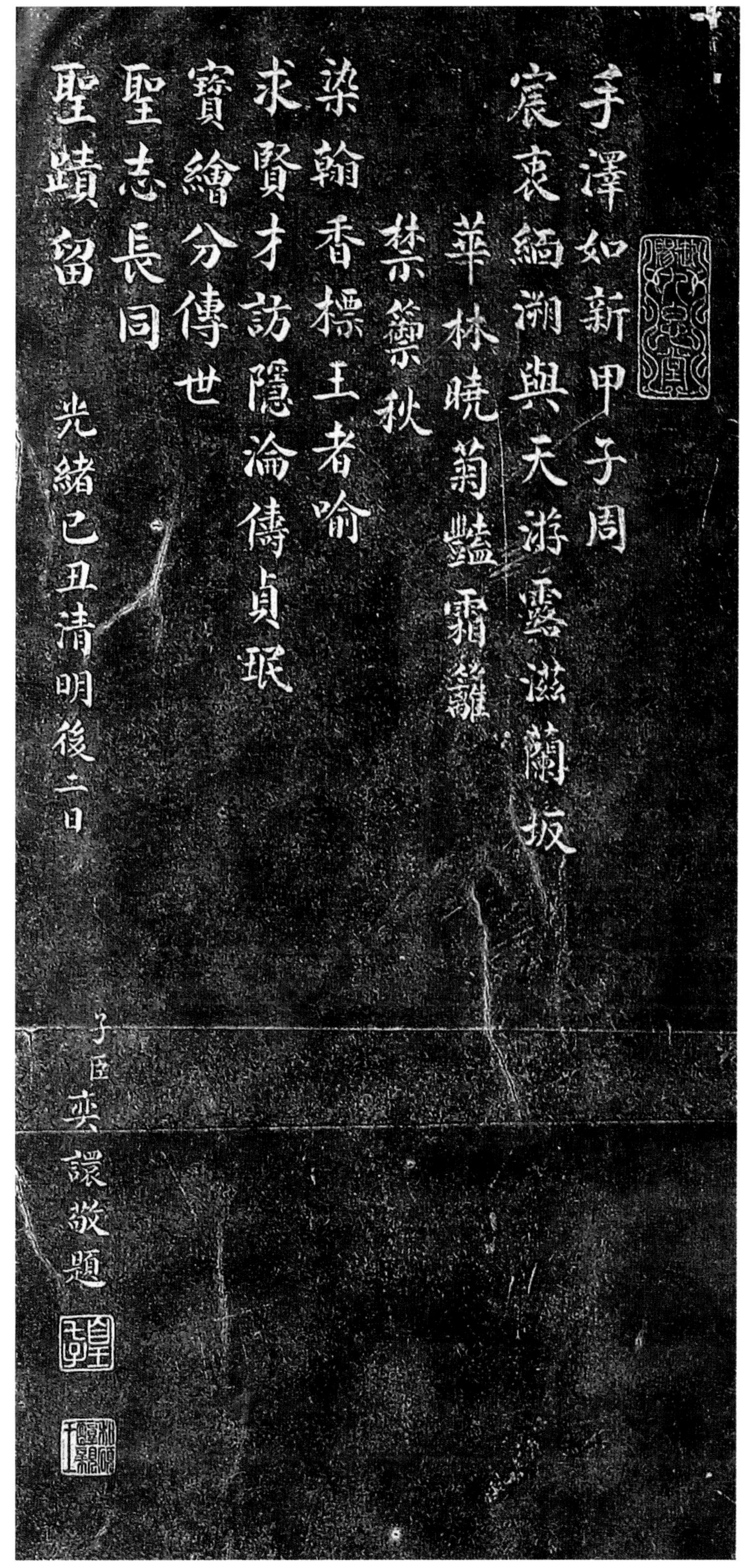
手澤如新甲子周
宸衷緬溯與天游露滋蘭坂
華林曉菊藍霜蘺
禁籞秋
染翰香標王者喻
求賢才訪隱淪儔貞珉
寶繪分傳世
聖志長同
聖蹟留
光緒己丑清明後二日
子臣奕譞敬題

碑身局部

102. 醇亲王载沣墓碑

载沣　爱新觉罗氏，奕譞第五子，溥仪之父。光绪十年（1884），封不入八分辅国公。十五年，晋镇国公。十六年，袭醇亲王。三十四年，出任监国摄政王，罢免袁世凯，集军政大权于皇族集团。宣统三年（1911），成立皇族内阁；同年，罢去监国摄政王。四年，溥仪退位，载沣从此离开政坛。1928年移居天津英租界。1939年日伪统治东北时期，曾赴长春看望溥仪，月余即回京。1952年去世，享年七十岁。葬于北京市海淀区福田公墓。

载沣墓碑　汉文，1989年重修。今立于北京市海淀区福田公墓。

载沣旧照 选自《故宫珍藏人物照片荟萃》。

载沣与溥仪（右立者）和溥杰旧照 选自《故宫珍藏人物照片荟萃》。

载沣及福晋墓碑 由右至左分别是载沣、瓜尔佳氏、邓佳氏墓碑。今立于北京市海淀区福田公墓。

103. 亲王衔多罗孚敬郡王奕譓墓碑

奕譓　爱新觉罗氏，道光帝第九子。咸丰帝即位，封为多罗孚郡王。同治元年（1862），命免宴见叩拜，奏事书名殊遇。三年，在内廷行走，命管乐部。十一年，任内大臣，加亲王衔，史称“亲王衔多罗孚敬郡王”。光绪三年（1877），去世，年仅三十三岁，谥号“敬”。

奕譓墓碑（碑阴）　满汉文合璧，光绪三年（1877）立。今立于北京市海淀区草场村碑亭内。

墓碑侧面

碑亭

园寝宫墙

碑身局部（一）

碑身局部（二）

碑座

墓地小桥

104. 宗室永壵等重修龙泉寺题名碑

永壵，爱新觉罗氏，生于乾隆四年（1739）。二十七年，授三等侍卫，后历任二等侍卫、头等侍卫。四十六年至五十一年任辽阳城守尉。嘉庆六年（1801），授古城领队大臣、汉军镶黄旗副都统、密云副都统。九年，授阿克苏办事大臣。十一年，授汉军正黄旗副都统、蒙古镶黄旗副都统。次年，升任荆州将军。十五年，去世，享年七十一岁。

永壵等重修龙泉寺题名碑 汉文，乾隆四十八年（1783）立。碑额额题“勅碑刻铭”。今立于辽宁省鞍山市千山龙泉寺。

碑身局部

大雄宝殿前重修龙泉寺双碑 右侧碑为重修龙泉寺碑，记载龙泉寺的历史及立碑缘由；左侧为重修龙泉寺题名碑，记录官员等题名。

105. 宗室永壵等重修药王庙题名碑

永壵等重修药王庙题名碑 汉文，乾隆五十一年（1786）立。原址在辽宁省本溪市溪湖区药王庙院内，今存本溪市碑林。

碑额　额题汉文“著美千秋”。

碑身局部

拓片　选自《本溪碑志》。

106. 宗室常福宝等舍地碑

常福宝　爱新觉罗氏，满洲厢（镶）白旗。乾隆四十二年（1777）至五十年，与同旗宗室荣喜、宁泰，舍地给戒台寺，永作佛前香火，并永不反悔，特刻碑流芳。

常福宝等舍地碑　汉文，乾隆五十年（1785）刻。碑中记录了乾隆四十二年（1777）至五十年间，宗室常福宝等多位旗人向戒台寺舍地情况。今存北京市门头沟区戒台寺。

拓片 选自《拓本汇编》。

戒台寺碑廊 图中左为常福宝等舍地碑。

107. 宗室德川等捐资重修石塔寺碑

德川　爱新觉罗氏，满洲正蓝旗。道光十三年（1833），任开原城守尉。重修石塔寺碑时，曾与时任正黄旗骁骑校的觉罗扎钦布等人共同为此捐资。

德川等捐资重修石塔寺碑　汉文，道光十七年（1837）立。今存辽宁省开原市崇寿寺院内。

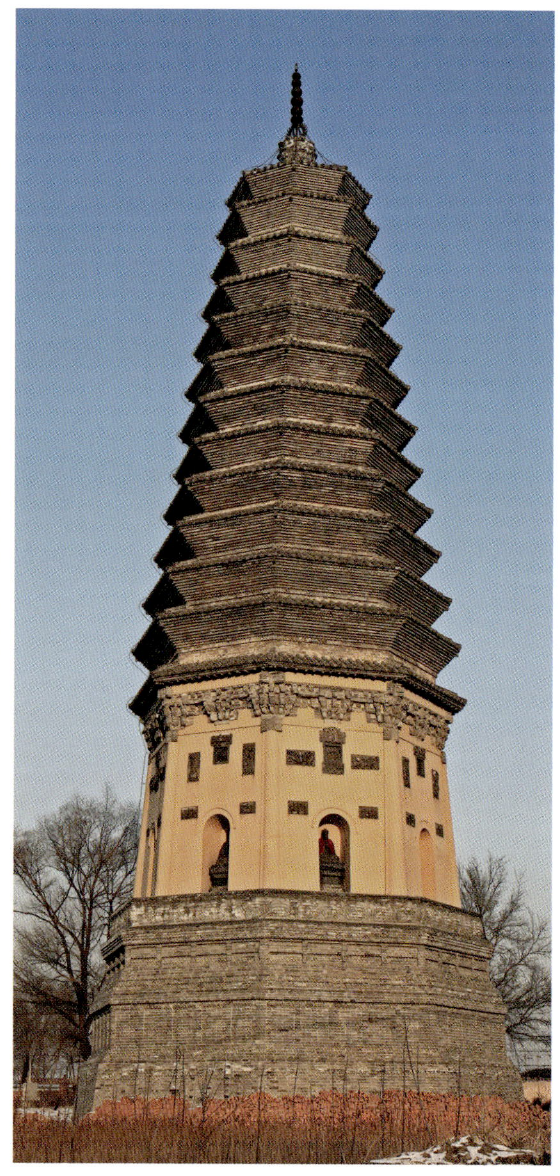

崇寿寺石塔

108. 宗室宝山等重修龙王庙碑

宝山　爱新觉罗氏，满洲正黄旗。道光二十年（1840），任金州城守尉加一级记录四次。三十年，以凤凰城城守尉身份到京请安。咸丰九年（1859），任辽阳城守尉。十年，署山海关副都统。同治四年（1865）闰五月，迁吉林将军；同年八月，调署岫岩城守尉、复州城守尉，后因招募回勇，议处。

宝山等重修龙王庙碑　汉文，道光二十年（1840）立。今存辽宁省大连市金州区龙王庙院内。

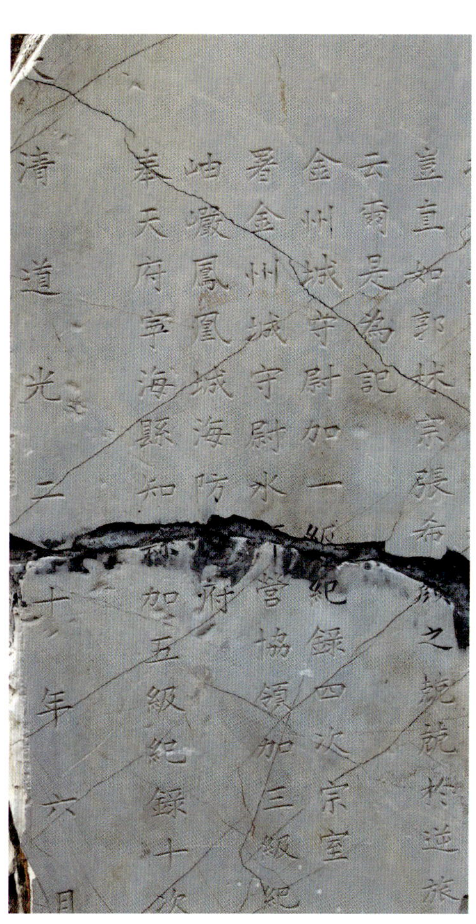

碑身局部

龙王庙大罗宝殿

109. 宗室玉构泰山题摩崖石刻（一）

玉构　爱新觉罗氏，满洲镶蓝旗。郑亲王分支四公府后裔，先为京官。光绪三十二年（1906），补授泰安知府，五月十九日到任，时年五十五岁。任内民有赞誉之声。

玉构泰山题摩崖石刻（一）　汉文，光绪三十三年（1907）刻。今刻于山东省泰山玉皇阁旁石壁之上。

110. 宗室玉构泰山题摩崖石刻（二）

玉构泰山题摩崖石刻（二） 汉文，光绪三十三年（1907）刻。今刻于山东省泰山崖壁之上。

111. 端庄固伦公主墓碑

端庄公主　爱新觉罗氏，又称东果（东郭、栋鄂）格格，努尔哈赤长女。明万历六年（1578），佟佳氏所生。十六年（1588），下嫁后金五大臣之一的何和礼为福晋。后晋封为固伦公主。顺治九年（1652），在北京去世，享年七十五岁。康熙七年（1668），迁葬盛京地界（今辽阳境内），后又迁葬东阿氏墓园（今辽宁省灯塔市西大窑镇公安堡）。五十五年（1716），赐谥号“端庄”与碑文，并立碑建亭。

端庄公主墓碑　满汉文合璧，康熙五十五年（1716）立。原址在辽宁省灯塔市西大窑镇东阿氏墓园，今存辽阳市博物馆。

碑额　额题满汉文“敕建”。

东阿氏墓园遗址

碑身

112. 端庄固伦公主建园迁墓碑

端庄固伦公主建园迁墓碑　满文，康熙五十五年（1716）立。原址在辽宁省灯塔市大窑镇东阿氏墓园，今存辽阳市博物馆。

碑中记载：康熙五年（1666），何和礼四世孙彭春、齐锡、劳满色向朝廷奏请，欲将葬于盛京的曾祖何和礼、祖父何芍图的骨骸与葬于北京的曾祖母公主、祖母郡主的骨骸合葬。七年，奏准迁公主、郡主二祖至盛京，随后安葬在盛京地界红宝石山处。三十二年（1693），因当年所建墓园过于狭窄，齐锡与彭春议定，在附近山平地阔之地，另建东阿氏墓园。五十五年（1716），奉旨追赐公主谥号“端庄”与碑文，随即立碑建亭；同年，宣告墓园与迁墓竣工。

碑阴　满文。

墓园遗存的残碑

墓园遗存的碑座残件（一）

墓园遗存的碑座残件（二）

113. 固伦温庄长公主圹志碑

温庄长公主　爱新觉罗氏，名马喀塔，皇太极次女。天命十年（1625），孝端文皇后博尔济吉特氏所生。初封固伦公主。天聪十年（1636），下嫁蒙古察哈尔部博尔济吉特氏林丹汗之子额哲。崇德六年（1641），额哲去世。顺治二年（1645），再嫁额哲的胞弟阿布鼐，生子布尔尼。十三年，晋固伦长公主。十六年，封永宁长公主，后改温庄长公主。康熙二年（1663），去世，年仅三十九岁。康熙帝亲选墓地，亲撰圹志。康熙十四年（1675），布尔尼举兵反清，失败后被杀，其父被处死。

温庄长公主圹志碑　满汉文合璧，康熙二年（1663）刻。原址在辽宁省义县大屯村东，俗称公主陵，今存辽宁省博物馆。

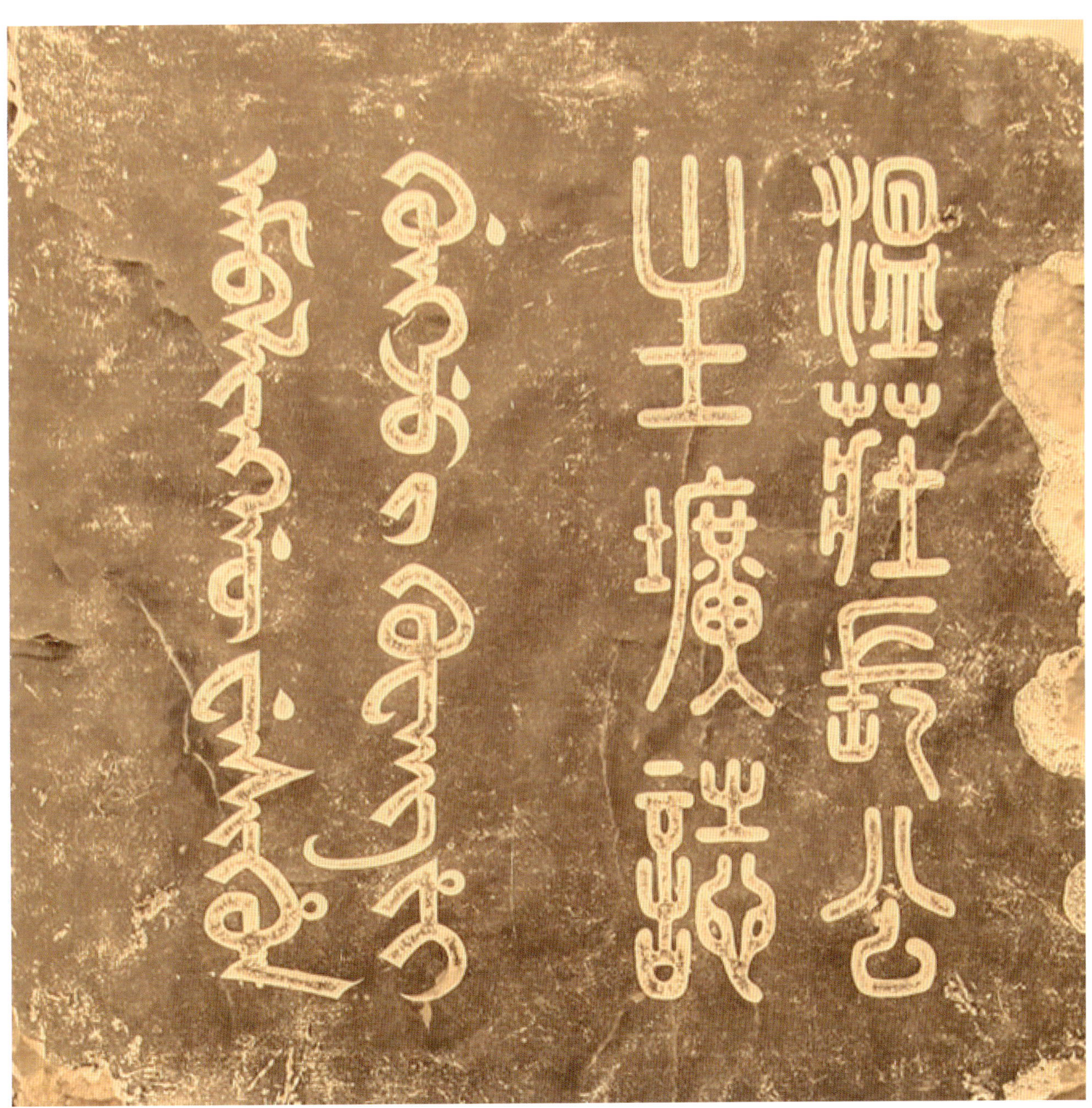

圹志碑盖

114. 固伦雍穆长公主圹志碑

雍穆长公主　爱新觉罗氏，名雅图，皇太极第四女。天聪三年（1629），孝庄文皇后博尔济吉特氏所生。初封公主。崇德六年（1641），下嫁孝庄文皇后的侄子卓礼克图亲王吴克善之子弼尔塔哈尔。顺治十四年（1657），晋封固伦长公主。十六年，封兴平长公主，又改雍穆长公主。康熙六年（1667），弼尔塔哈尔去世，公主回京居住。十七年，公主去世，时年五十岁。去世后，葬于今内蒙古自治区通辽市扎鲁特旗前德门苏木地界。额驸弼尔塔哈尔，崇德八年（1643），获赐固伦额驸仪仗。康熙五年（1666），袭封卓礼克图亲王。六年，去世。

雍穆长公主圹志碑　满汉文合璧，康熙十七年（1678）刻。原址在内蒙古自治区通辽市扎鲁特旗前德门苏木地界，今存通辽市科尔沁博物馆。

科爾沁國
制曰固倫雍
太宗文皇帝之
世祖章皇帝之
康熙十七
月初三日
緒念孫
皇祖之女
皇考同氣之親
昌其有極
悉循典章

圹志碑局部

圹志碑盖

115. 淑慧长固伦公主圹志碑

固伦淑慧长公主　爱新觉罗氏，名阿图，皇太极第五女。天聪六年（1632），孝庄文皇后博尔济吉特氏所生。崇德八年（1643），下嫁内大臣和硕额驸恩格德尔之子索尔哈。顺治初，索尔哈去世。五年（1648），公主再嫁巴林部博尔济吉特氏辅国公色布腾。十四年，封固伦长公主。十六年，改封和顺长公主，后改封固伦淑慧长公主。康熙十二年（1673），孝庄文皇后有病，康熙帝使迎公主到京，以后屡入朝。三十一年，康熙帝下诏特为公主设护卫长史，视贝勒例。三十九年，公主在京染病，康熙帝前往公主府邸探视；同年，公主去世，享年六十九岁。公主死后归葬昭乌达盟巴林部，几经迁葬，最终安葬在内蒙古自治区巴林右旗公牛山（今巴林右旗境内巴彦和硕山）北。

淑慧长固伦公主圹志碑　满汉蒙古文合璧，康熙三十九年（1700）刻，自右往左竖排阴刻蒙古、满、汉三种文字。原址在内蒙古自治区巴林右旗境内巴彦和硕山北，今存赤峰市博物馆。

圹志碑局部

圹志碑盖

116. 固伦端顺长公主墓碑

端顺长公主，爱新觉罗氏，皇太极第十一女。崇德元年（1636），皇太极懿靖大贵妃阿霸垓部博尔济吉特氏娜木钟所生。初号固伦公主。顺治四年（1647），下嫁阿霸垓部博尔济吉特氏噶尔玛索诺木，封额驸噶尔玛索诺木为一等精奇尼哈番。七年，公主去世，年仅十五岁，谥号“端顺”。

端顺长公主墓碑 满汉文合璧，顺治年间立。今立于北京市西城区华都集团院内。

碑额

额题 满汉文“敕建”。

碑座

碑身局部

117. 和硕柔嘉公主册封碑

柔嘉公主　爱新觉罗氏，原系安亲王岳乐第二女。顺治九年（1652），出生。幼年被顺治帝抚育宫中，视为已出。康熙二年（1663），下嫁耿聚忠。三年，封为和硕柔嘉公主，赐予金册。十二年（1673），去世，年仅二十二岁。耿聚忠，汉军正黄旗，靖南王耿仲明之孙，耿继茂第三子。康熙二十六年，去世，时年四十二岁，谥号"悫敏"，与公主合葬。

柔嘉公主册封碑　满汉文合璧，康熙三年（1664）制。今立于北京市门头沟区龙门村。

碑额

额题　满汉文“圣旨”

和硕柔嘉公主和额驸耿聚忠园寝遗址

維

康熙[illegible]歲次甲辰二月甲[illegible]朔越十四日丁未

皇帝制曰典崇釐降帝女戒以欽哉詩美肅雝王姬咏其穠李[illegible]姻閥治宜被殊[illegible][illegible]爾和碩公主乃和碩安親王女

世祖皇帝撫育宮中敬慎居心柔嘉維則姆儀克奉教夙稟於在宮婦德無違[illegible][illegible]榮館出銀潢之貴派作配高閎[illegible]王[illegible]之

懿親共襄宗國鳳占允協象服攸宜今特封爾為柔嘉公主錫之金冊[illegible][illegible]盈[illegible]興門之祜貴而能儉永垂宜室之

勿替令儀尚綏後祿欽哉

拓片　选自《拓本汇编》。

118. 和硕和顺公主谕祭碑

和顺公主　爱新觉罗氏，清太宗第五子、世祖福临之兄承泽裕亲王硕塞之次女。顺治五年（1648）八月，纳喇氏所生，后被福临抚养宫中。十七年，时年十三岁，下嫁尚可喜第七子尚之隆，后被封为和硕和顺公主。康熙三十年（1691）十一月去世，时年四十四岁。尚之隆官至领侍卫内大臣，加太子太保。

和顺公主谕祭碑　残碑，满汉文合璧，康熙三十一年（1692）立。原址在北京市丰台区赵辛店北岗洼村（后改称公主坟村），今存丰台区连山岗石刻园。

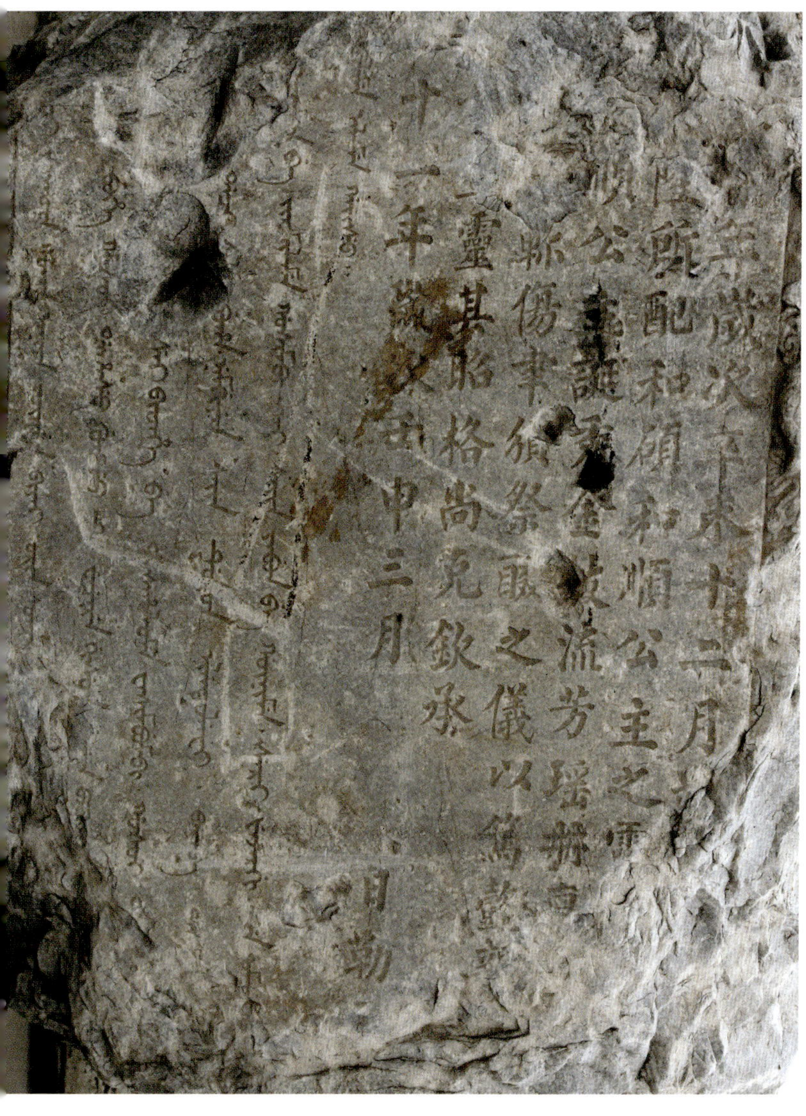

碑身局部

和顺公主与尚之隆墓地

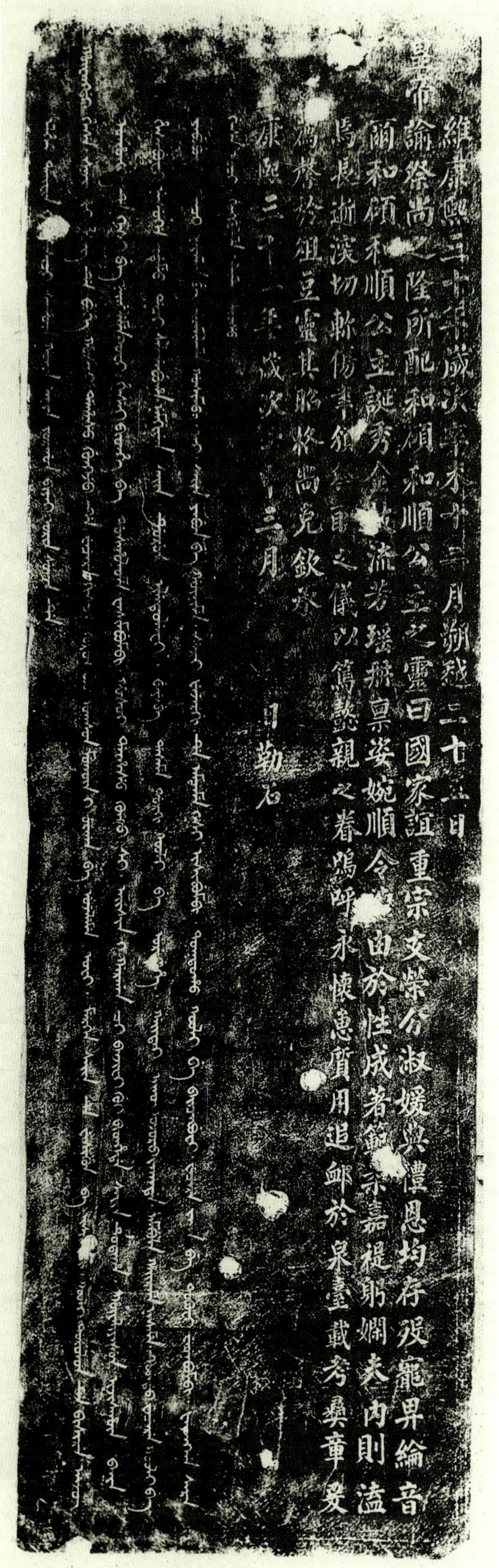

拓片　选自《拓本汇编》。

119. 固伦荣宪公主墓志

荣宪公主　爱新觉罗氏，康熙帝第三女。康熙十二年（1673），荣妃马佳氏所生。初封和硕荣宪公主。三十年，下嫁巴林博尔济吉特氏吴尔衮，时年十九岁。三十一年，命设护卫长使，视贝勒例。四十八年，晋封为固伦荣宪公主。她是康熙帝在位时所封的唯一一位固伦公主。雍正六年（1728），去世，时年五十六岁。葬于内蒙古自治区赤峰市巴林右旗大板镇十家子村东北的巴颜陶拜山南麓查干木伦河北岸的山坡上。碑已残坏，仅有龟趺，圹志尚存。额驸吴尔衮，博尔济吉特氏，鄂齐尔郡王次子，祖父辅国公色布腾，祖母固伦淑慧长公主。康熙三十年（1691），与荣宪公主成婚。三十四年，噶尔丹掠喀尔喀至巴颜乌兰，吴尔衮奉命防御乌珠穆沁汛地。四十三年，袭封巴林郡王，统管昭乌达盟蒙古十一旗。四十八年，公主晋封为固伦公主，授吴尔衮为固伦额驸。五十八年，从征西陲。六十年，于军中去世。

荣宪公主墓志　碑阳为满汉文合璧，碑阴为蒙古文，雍正七年（1729）书。墓志由三块条状柏木组成，文字记述了荣宪公主生平。原址在内蒙古自治区巴林右旗大板镇十家子村东北，今存赤峰市博物馆。因木质墓志少见，故在此破例收录。

荣宪公主珍珠团龙袍服　公主地宫出土，袍服上用了近十万粒珍珠绣出团龙八条。今存内蒙古自治区赤峰市博物馆。

120. 和硕端静公主墓碑

端静公主　爱新觉罗氏，康熙帝第五女。康熙十三年（1674），贵人兆佳氏所生。三十一年，封和硕端静公主；同年，下嫁乌梁罕氏噶尔臧。三十二年，康熙帝特命为公主设护卫长史，视贝勒例。康熙帝曾多次陪同皇太后到公主在京府第，并赏赐金币。四十九年，公主去世，时年三十七岁。同年，礼部遣官造坟立碑。公主去世后，先后葬于三处。今内蒙古自治区喀喇沁旗十家满族乡十家村为公主第二处葬所，园寝内现存有火焰石牌坊、华表、公主墓碑等。喀喇沁王府博物馆内存有和硕端静公主圹志、“奉旨合葬”碑、石雕麒麟等。额驸噶尔臧，乌梁罕氏，喀喇沁部杜棱郡王次子。康熙三十四年（1695），袭喀喇沁杜棱郡王。五十年（1711）因罪夺爵；同年，因在公主丧事期间霸占索诺穆之妻等，监禁在京。六十一年，死于禁所。

端静公主墓碑　满汉蒙古文合璧，康熙五十一年（1712）立。今立于内蒙古自治区喀喇沁旗十家村。

碑身

碑额 额题满汉蒙古文“敕建”。

碑座

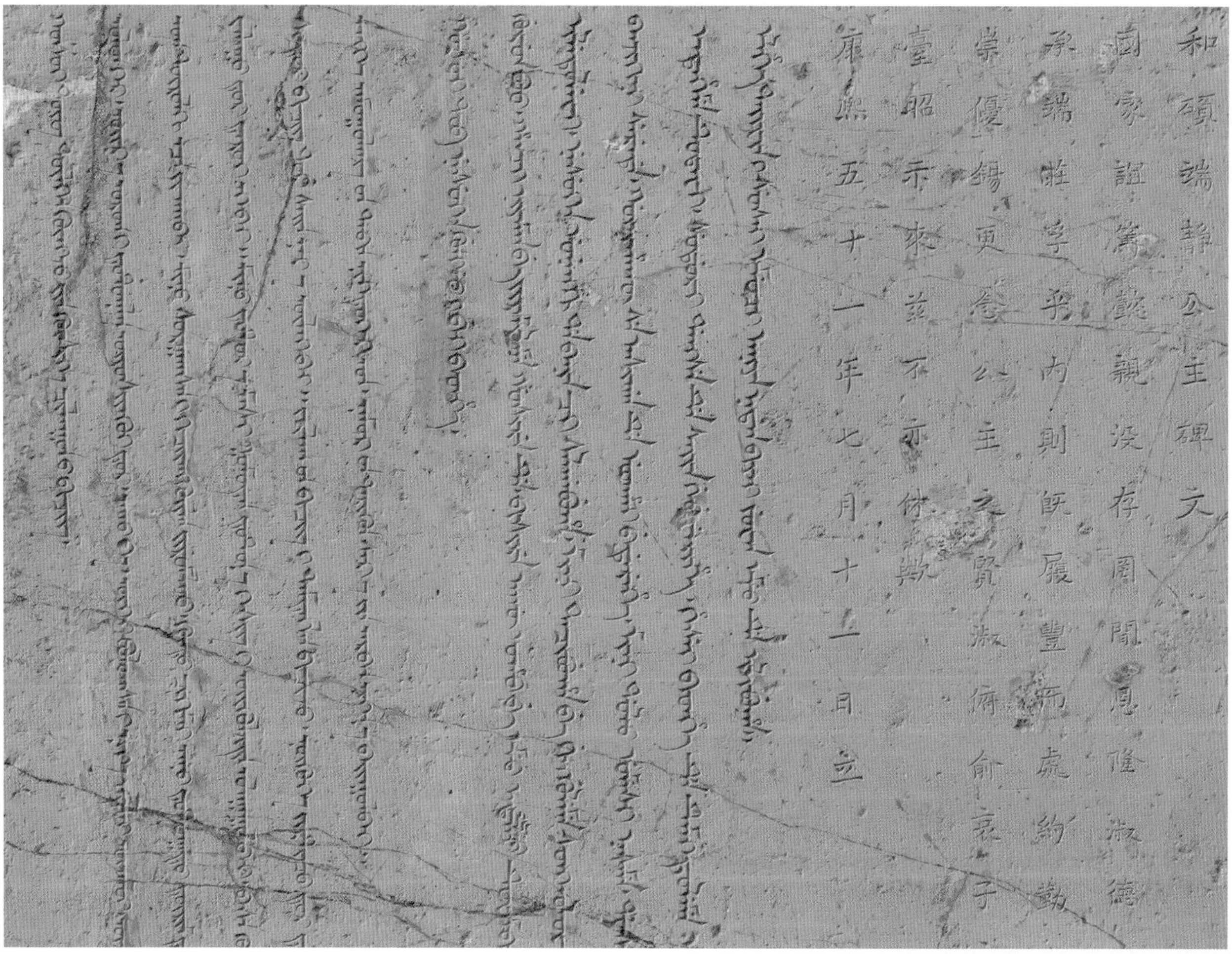

碑身局部

园寝石牌坊

园寝华表上的望天吼（一）

园寝华表上的望天吼（二）

121. 和硕端静公主圹志碑

和硕端静公主圹志碑 满汉蒙古文合璧，康熙五十八年（1719）刻。今存内蒙古自治区赤峰市喀喇沁旗中国清代蒙古王府博物馆。

圹志碑盖

122. 和硕端静公主奉旨合葬碑

和硕端静公主奉旨合葬碑　满汉蒙古文合璧，康熙六十一年（1722）刻。和硕端静公主与喀喇沁郡王和硕额驸噶尔臧奉旨合葬。今存内蒙古自治区赤峰市喀喇沁旗中国清代蒙古王府博物馆。

碑身局部

喀喇沁亲王府　即中国清代蒙古王府博物馆，今位于内蒙古自治区赤峰市喀喇沁旗王爷府镇。

123. 和硕怀恪公主墓碑

和硕怀恪公主　爱新觉罗氏，雍正帝次女。康熙三十四年（1695），齐妃李氏所生。初封郡君，又晋封郡主。五十一年，下嫁乌喇纳喇氏满洲正白旗人星德（性德或兴德）。五十六年，去世，年仅二十三岁。雍正元年（1723），追封为和硕怀恪公主。

和硕恪怀公主墓碑　满汉文合璧，雍正四年（1726）立。今立于北京市门头沟区三家子村东街油库院内。

额题 满汉文“敕建”。

碑座

碑额

碑身局部

124. 和硕和嘉公主石牌坊

和硕和嘉公主　爱新觉罗氏，乾隆帝第四女。乾隆十年（1745），纯惠皇贵妃苏氏所生。二十五年，下嫁福隆安。三十二年，去世，年仅二十三岁。和硕额驸富察氏福隆安，满洲镶黄旗，乾隆帝孝贤纯皇后弟傅恒次子。福隆安曾任太子太保、兵部尚书、大学士，封爵一等忠勇公。

和硕和嘉公主石牌坊　左侧柱镌刻汉文："马鬣景鸿仪心驰霜露"；右侧柱镌刻汉文："龙光垂燕翼气协风云"。今立于北京市朝阳区建国门外大望桥东南，原公主园寝遗址内。

碑文辑录

1. 追封多罗勇壮贝勒清巴图鲁穆尔哈齐墓碑

追封多罗勇壮贝勒清巴图鲁穆尔哈齐碑文

古（之）帝王承天抚世笃念宗亲故生则赐以荣封殁则彰以令誉典最渥也尔清巴图鲁贝勒穆尔哈齐系宣皇帝之子秉性安详居心恺悌已追封为多罗勇壮贝勒奄逝既久丰碑未树朕念切本支复隆表著之恩爰稽成宪勒之贞珉用传不朽庶昭朕敦族之心永为藩屏之懿典云尔

康熙拾年肆月拾陆日立

2.“御赐”多罗诚毅勇壮贝勒穆尔哈齐墓碑

(碑阳)

“御赐”多罗诚毅勇壮贝勒穆尔哈齐碑文

古之帝王开国承家笃念宗亲施之令誉以铭功德意至深也尔多罗诚毅清巴图鲁谥曰勇壮贝勒穆尔哈齐系显祖宣皇帝之子追随太祖高皇帝四出征讨功在开创圣祖仁皇帝恩隆表著锡以丰碑历年久远颓圮漫漶裔孙熙洽陈情奏请朕念之恻然爰稽成宪勒之贞珉用垂不朽庶昭朕敦睦之至谊云尔

(伪)康德二年五月二十四日

(碑阴)

始封祖多罗诚毅勇壮贝勒事略

贝勒讳穆尔哈齐显祖之第二子辛酉年生母妃李佳氏弱冠骁勇善战每陷阵先登屡从征伐有功赐号清巴图鲁乙酉年四月从太祖伐哲陈部值大水遣众还留八十人被棉甲者五十人被铁甲者三十人行略地加哈部长苏库赉呼密以告哲陈部于是托漠河章甲巴尔达撒尔浒界藩五城合兵御我后哨章京能古德驰往告出他道弗遇太祖深入遥望见敌兵八百余阵浑河至于南山贝勒与近侍延布禄兀林阿从太祖驰近敌阵下马奋击射杀二十余人敌渡浑河走复从太祖距敌后至吉林崖遥见敌兵十五自旁径来太祖去胄缨隐而待射其前至者贯脊殪贝勒复射殪其一余皆坠崖死太祖曰今日以四人败八百人天助我也

天命五年九月初十日薨年六十太祖亲奠天命九年夏四月甲申由赫图阿喇迁葬辽阳东北阳鲁山冈顺治十年五月追封为多罗贝勒谥曰勇壮康熙四年敕有司重修茔园康熙十年五月赐碑表墓越二百六十一年满洲再建裔孙熙洽奏请于朝蒙赐碑因据官书辑为事略属宗人宝熙书之碑阴用垂永久

凡我本支当知一代之兴必有同气之亲披坚执锐以佐成开创之盛业是则所以报君恩述祖志用昭前人之光烈者观此可以兴矣呜呼后之人其念之哉

位宫内府大卧诚毅勇壮贝勒十世孙熙洽敬述

位参议府参议和硕豫通亲王九世孙宝熙敬述

奉天维成学校长庆厚监造　北京刘壁合刻字　襄平陈琦宝石工

3. 追封辅国公谥刚毅大尔差墓碑

追封辅国公谥刚毅大尔差碑文

自古帝王创业垂统以贻万世凡属宗支皆膺显号以重懿亲也尔大尔差系谥勇壮清巴图鲁穆尔哈齐之子性行纯良才猷敏练已封为刚毅辅国公奄逝既久丰碑未树朕笃念宗亲爰稽成宪勒之贞珉用垂不朽庶昭朕敦睦之怀云尔

康熙十年肆月拾陆日立

4. 奉恩将军哈格等捐资重建玉皇庙题名碑

道光三十年仲春兴工重修斯庙宝殿山门钟鼓楼两廊改建东庙大殿山门舍房□然

奉恩将军辽阳城守尉宗室绵洵捐银拾两　赐进士出身前署辽阳州特授承德县知县加三级纪录十八次姚承恩捐银拾两　赐进士出身特授四川绥定府知府加三级纪录十二次陈□让捐银贰两　□京礼部品级章京加一级刘恩润捐银伍两　□京礼部品级章京加一级屈克发捐银伍两　辽阳税务笔帖式德著捐银肆两　辽阳原任防尉法林捐银伍两　辽阳巴尔虎佐领博敦捐银肆两　盛京礼部赞礼郎改补辽阳正黄旗防御加三级纪录五次沈谦益捐银肆两　辽阳镶黄旗防御阿勒精阿捐银肆两　辽阳镶白旗防御赓音捐银肆两　辽阳镶红旗防御特和布捐银肆两　辽阳镶蓝旗防御加三级纪录五次科睦亨捐银肆两　辽阳正白旗骁骑校加一级纪录十次保庆捐银伍两　辽阳镶蓝旗骁骑校加三级纪录六次青吉捐银肆两　奉恩将军兼宗人府右翼佐领宗室哈格捐银贰两　己丑科进士江苏徐州府□宁县知县韩天垣捐银拾两　丁酉科举人候选知县□（沟）洲寿海捐银贰两　甲辰恩科举人候选知县王福绶捐银贰两　丁酉科举人候选知县许联璧捐银伍两

道士（略）　　会首人杜秉升　王君议

大清龙飞咸丰元年岁次辛亥□（荷）月中浣工峻勒诸贞泯以志不朽

5. 奉国将军塞尔赫玉瓮亭诗碑

宝华灵气钟混范镂云琢雪搜昆冈不知逞露自何代忽登霄汉蒙奎章宇宙由来有奇秘要与盛世同光昌崔巍如山俨夏鼎昭神铸象谁端详睿思自能通造化赋心宛转倾河潢穷幽极显更奇倔物无形遁情洋洋星辰□耀示朝列奔走骇汗蹶且僵赓扬鼓吹亦臣分剖决胸臆愆秕糠承光殿里光煜爚想像未敢轻论量势同坤厚形震仰腹佯月窟含天浆天浆一吸三十石波涛千顷陂汪汪周遭镵刻毕水族泳游跳跃鳞鬐张鬼工不啻偃师巧大器讵容和璞望恍惚金元曾暂有广寒古殿遥芬芳风云变幻五百载神仙踪迹迷沧桑遂□□物成委弃羽久挟置斋厨旁沉沦濩落久凄恻瓦盆土缶相颉颃红日中天烛幽隐千金不惜明德彰期还莹彻洗尘垢顿遣炳焕归琳琅高眩金盤映冰□□□清庙升明堂是惟圣人善体物一物失所心彷徨不别洪纤同位育地亦何爱天何藏臣工拜手纪殊遇仰瞻云汉生春阳

内阁学士臣宗室塞尔赫

6. 加赠太子太保原任盛京将军宗室增海墓碑

加赠太子太保原任盛京将军宗室增海碑文

朕惟谊笃匪躬纪绩焕铭彝之色望隆师武酬庸扬树纛之光惟统虎旅以宣猷抒悃而能怀精白斯贲龙章以延誉镌文而永耀丹青尔加赠太子太保原任盛京将军宗室增海本自宗支早登仕版隶籍程材效决拾之长禁籞昭荣备位列勾陈之选遂分旄而驭众聿推中悃之良乃建节以修戎益重副麾之寄巩金汤于万里洊移闽粤而知名辑瑞王于群藩旋觐朝阶而与属乃眷藩室之俊允资韬略之优领使钺于东陲威行细柳揔师干于西域政洽宜禾载申涣号之颁俾掌留都之管方异旌旗坐镇膺保障而常宜何期霜露侵寻损眠餐而浸剧当封章之奏御即垂驿以宣医轸其骨月之情遣阶行于子舍讵有膏肓之疾伤永逝于新阡特加宫保之崇衔仍举彝章而备礼谥为勤果旌厥贤能于戎沐殊宠于高牙克效釆薇以治外想遗风于大树予不忘听鼓而思臣式是贞珉服兹休命

乾隆三十九年十月初十日

7. 宗室富明撰文弥陀会碑

（碑阳）

盖闻功德门中修善为首弥陀会□造福居先褒忠奖孝表扬于前人兴祠致祭传流于后世至若帝君德□天地与日月同光泽被群生惠及于千载历代加葳崇奉已久迨至我朝千有余年护国佑民莫不尊亲灵应显着人人斯感名垂永久云尔

爱新觉罗氏宗室富明敬谨撰书

大清同治十三年桂月吉日立

（碑阴）

咸丰□年众坛越芳名碑记（略）

8. 庄达尔汉巴图鲁亲王舒尔哈齐墓碑

庄达尔汉把兔鲁亲王碑文

惟国家褒显宗英推崇皇族生颁荣秩殁予追封所以笃本支昭亲爱也尔达尔汉把兔鲁舒尔哈齐乃太祖高皇帝胞弟朕之叔祖系序既尊天潢孔切更生贤胤克奏肤功宜用追崇以彰祇德兹特加封尔为庄亲王列在藩屏聿展贻孙之孅光施泉壤允敷敦族之仁勒诸贞珉永垂不朽

顺治十一年三月初十日

9. 和硕简亲王谥修雅布墓碑

和硕简亲王谥修雅布碑文

朕惟大雅之诗曰文王孙子本支百世则凡在宗支其始有勋劳于国家亦望其子孙克继克承率乃祖考之攸行以保世久远厥惟休哉惟王属在懿亲著有令誉自乃祖功在社稷书于盟府乃考亦惟克食旧德以及于王禀谦冲之茂质凛夙夜之小心殚力公家不营邸第之事束身礼度别无嗜好之私加以教诫拊循风行所部兴起人才于有用之地整练武备于无事之时惟旌旗壁垒之常新觉星文羽林之增焕

方谓作我屏辅永赖亲贤岂期疾疢忽侵溘先朝露无不挽丧车而深痛望故邸以尽哀朕震悼辍朝饰终备礼诸孤抚视更怆于怀呜呼受封将二十年持身无毫发过输忠于我王室追孝于前文人宗支若斯可以百世幽扃既闭懿德宜昭用宣宠章勒诸贞石俾永有宪于后祀

康熙四十二年三月十九日立

10. 奉恩将军廉桂捐资卧鹿山石庙效圣寺题名碑

石骨玲珑一线开古洞云烟天外来精工巧随天海志人工莫非神力崖大清国盛京奉天府岫岩城南松树秧卧鹿山效圣寺者历唐以来建修多次盖数百年来于兹矣而茅殿凡宇每经风雨而凋敝即廊腰漫回亦湮没而不可考也石工一成而自东自西自南自北善人君子来观此群集未有不惊异而叹曰此真千古奇观也然工虽成而碑不立迨世逮年湮又孰知工事之建者缘佛灵而成故立碑书文而勒铭使万世来者共饮佛灵同为之歌曰玉骨像成兮开生面于东土兮翅鸟飞兮来真经西天玉女启兮走风雨金天通兮会云烟叶乾兮听鹿行松高兮看鹤眠地虽偏兮鹿自净群仙来兮晋胜境于万年

岫岩城城守尉兼奉恩将军宗室廉（桂）捐银五拾两　岫岩理事分府诵捐银五拾两　岫岩巡政厅房捐银拾两

会首崔舟石　木瓦　画工　住持道孙一升　孙浮瑞　孙阳玉

道光三年四月初八日

11. 奉国将军廉至等捐施重修关帝庙题名碑

关帝庙重修捐施碑记

盖州城守尉兼奉国将军宗室廉至　特授盖平县事张鼎镛　盖平县儒学训导□廷芜　钦加六品衔盖平县典史武庆安　厢黄旗防御乌勒熙春　正蓝旗防御庆恩　正白旗骁骑校郑士彦　厢红旗骁骑校希朗阿　厢蓝旗骁骑校景格　正黄旗委官王淮　正白旗委官杨建痒（以下略）

咸丰八年戊午岁次季春三月榖旦　□会人公立

12. 宗室佑善等重修复州城题名碑

复州有城也始于金辽而今之谯楼鼎时者则明初设卫因旧城而修筑者也国朝乾隆四十五年兴修以后阅八十余年马匪扰边上宪谆谕郡县修筑城堡子时赵君聘之守复会驻防宝君□费旗民两壕三楼一律浚筑而城将圮未圮豁如洞如者虽补葺其罅漏而已二十年来雨雪摧残水土冲击新者易剥旧者益圮光绪十五年楚北朱君来刺是邦下车巡视慨然曰是余责焉阅岁移商旗尉恩君稽赵君旧案而变通之计复旗民所籍凡地如千亩□课东钱百文凡如千钱旗民踊跃于是校丈程□上之大宪报可遂力任其事期月而钱集乃于春之正月卜吉兴役出纳有司都料有稽官综其成民趣其事凡五月阙工乃峻琮来游兹土适际其会朱君命志岁月余维版筑雉堞之□井干峰橹之勒固良有司事焉而朱君资力于民而民不怨者盖呼时询民□病梳爬煦□有以奋发其急公好义之心也故必阅岁而计事在阅岁而集事其兴也□信于民也其成也速民信之也君子观于此可以得为政之概矣□是乎记州之士商兴斯役者例得备书

越州郦琮撰并书　署复州城守尉协领恩善　复州城守尉宗室佑善　花翎运同衔应□□用复州知州朱锦标　候补通判署复州知州冯士懋　署复州吏□徐治

光绪十七年辛卯七月榖旦

13. 固山贝子谥惠献福喇塔墓碑

固山贝子谥惠献福喇塔碑文

惟稽古选建懿亲作屏王室罔不在外以著成劳故鲁公誓于淮徐召穆师于江汉咸书兴策足纪功宗尔福喇塔乃辅国公偏俄之子念系宗室俾仍父封嗣加特恩超列贝子属闽越未靖师旅徂简佐戎行克扬我武电扫鲸鲵之众风行驺骆之余乃礼未毕于劳还躬遽捐于尽瘁朕惟生勤王事殁有宠章矧予宗室之贤尤加荣哀之谊爰旌殊绩以易厥名特赐谥曰惠献于戏惟慈爱有除残之美惟睿哲有制胜之能往勒贞珉光于属籍

康熙十七年八月十六日

14. 广略贝勒褚英墓园碑

（略）

15. 多罗安平贝勒杜度墓碑

多罗安平贝勒杜度碑文

朕惟国家谊笃懿亲情殷惇睦显爵之畀既颁泽于生前宠锡之加更垂恩于身后凡以重一本厚宗盟兴典至渥焉尔多罗安平贝勒杜度派衍银潢庆流玉叶扬威阃外夙资克敌之功宣力师中允协维城之义且职司夫礼教因志励乎寅清追尔勋猷宜加恩赉特颁旷典聿彰眷旧之情丕布新纶爰备饰终之礼式循彝宪建树丰碑呜呼鸿文焕赫贲泉壤以增光宝命辉煌映暎松楸而生色永垂奕禩用志哀荣

雍正元年十二月初三日立

16. 多罗悫厚贝勒杜尔户墓碑

多罗悫厚贝勒碑文

古帝王承天抚世笃念宗亲故生则锡以荣封殁则彰其令誉典最渥也尔杜尔户乃多罗安平贝勒之子赋性端良制行诚恪因系宗室累封贝勒方冀永襄泰治乃封爵未几遽尔奄终念尔谊切本支复隆表著之恩爰考旧章谥曰悫厚勒之贞珉用传不朽庶昭朕敦族之心为永藩屏之懿典云尔

顺治十四年八月十七日立

17. 原任镇国公追封固山贝子谥温恪准达墓碑

原任镇国公追封固山贝子谥温恪准达碑文

朕惟国家谊重亲贤道弘敦睦荷丝纶之褒锡宜琬琰之垂光凡以眷懿亲酬茂绩典至渥也尔准达持躬恪慎矢志靖共早贾勇以临戎继宣猷而议政承恩弗替世秩列于上公效力有年崇班领夫宗正前劳可念显爵特加礼备饬终泽隆下逮既易名而谕祭复营葬以勒铭于戏青松白石沛恩宠于重泉螭碣龙章志光荣于奕世尔克有知其敬承兹休命

雍正五年岁次丁未六月初八日立

18. 和硕敬谨亲王尼堪墓碑

和硕敬谨亲王碑文

朕惟国家膺图受禄不吝爵赏以锡有功昭示来世用垂不朽典至钜也尔和硕敬谨亲王尼堪系太祖武皇帝之孙太宗文皇帝之侄厚爵固山贝子当入山海关灭流贼二十万兵时尔率兵信地击杀复穷追败贼于庆都以尔此功于顺治元年十月十七日升为多罗贝勒及歼流寇灭福王平定河南江南时尔在潼关三败流贼在芜湖江中生擒福王降其兵卒用红衣炮攻取江阴又往征四川时败贺珍兵三次平定汉中地方故封为多罗敬谨郡王率兵征山西时败贼兵八次又围困大同时使贼势穷迫遂拔其城以多罗郡王封为敬谨亲王后以湖南贼寇窃发命尔为定远大将军统兵前往殒身行间尔虽鲜善行功未足称念系宗支爰赐祭葬勒之贞珉永垂后世昭朕敦族酬庸之意云

顺治十二年六月十六日立

19. 和硕敬谨亲王尼思哈墓碑

和硕敬谨亲王碑文

自古肇造之君必众建懿亲屏藩王室若其世有大勋垂于后裔生荣死哀恩礼加隆载在故典不可渝也尔尼思哈系和硕敬谨亲王之子秉姿淑慧堪继先绪方在穉龄蚤袭王爵冀享长年永膺荣贵何期锡封未几旋以讣闻朕笃念本支每为伤悼爰考旧章特赐祭葬勒之贞珉用垂不朽庶历祀之后昭朕敦睦之谊云尔

顺治十八年五月十二日立

20. 和硕礼亲王谥烈代善墓碑（碑阴乾隆御制诗碑）

（碑阳）

和硕礼亲王谥烈代善碑文

自古帝王创业垂统必懋建本支以作藩屏故生隆显爵殁锡丰碑亲亲贤贤典甚重也尔和硕礼亲王代善乃太祖高皇帝次子太宗文皇帝兄也忠纯天挺端悫性生秉志精诚夙怀英毅当我太祖高皇帝草昧经纶之时以本支之亲膺心膂之任披坚执锐不避矢石捐躯裹创戮力疆场如征哈达平辉发定耶黑等国王亲率将士多所斩获及攻兀喇国王阵斩其兵主贝勒博克多大破其军嘉尔乃绩因赐名古英巴图鲁嗣克开原下铁岭取辽东肇基立业之际王或以智取或以战胜多著奇勋太祖高皇帝初登大宝分封四和硕四大贝勒以王为大贝勒太宗文皇帝平定朝鲜收服插哈尔等蒙古诸国攻明郡县式廓疆圉王出则效力戎行入则宣猷廊庙无不殚厥心力崇德元年初封宗室王爵以王为和硕兄礼亲王世祖章皇帝入关定鼎剿除流寇殄灭福王统一寰区王丕襄泰治翊赞鸿猷裨益实多呜呼若王者可谓忠冠当时而功昭后世者矣乃以疾薨逝世祖章皇帝时切哀思每深痛悼特赐祭葬敕建丰碑朕今追念前徽加谥曰烈复念勋名既载于盟府而风烈宜表于隧阡详述懋功显扬忠义重勒贞珉用传不朽以示敦睦懿亲之意云尔

康熙十一年八月一日

（碑阴）

御制过礼烈亲王园寝赐奠因成六韵

朝家让帝溯前闻太祖上宾王于诸皇子中最长而众望皆属太宗王之子岳讬萨哈璘请从众心推戴

王曰此吾素志也乃作议书曰绍成大统必得圣君始能戡乱致治以成一统愿奉四贝勒嗣位入朝遍示诸贝勒大臣众皆喜以告太宗辞让再三王言益恳切众议亦坚太宗乃从之**路便椒浆赐奠勤**由潭柘至香山跸路经王园寝因临酹酒**唐较宁王无逼抗　吴逾太伯有功勋　乌喇突阵如风卷**王尝从太祖征乌喇布占泰率兵三万以拒众皆愿战太祖尚未欲加兵王曰我士饱马腾利在速战所虑布占泰不出耳今彼兵既出平原旷野可一鼓擒也太祖因命进兵王随太祖亲突阵大败之遂克其城布占泰遁走王复统精兵截战又败之布占泰仅以身免**抚顺攻城卜雨欣**天命三年四月太祖伐明大军两路进会天雨太祖欲还军王曰天虽阴雨我军皆有御雨之具何虑沾湿且天降此雨以懈明边将之心使吾进兵出其不意耳是雨利于我不利于彼也太祖善其言遂进兵下抚顺东州马根单三城及堡寨五百余处**宽甸勇而诛上将**天命四年二月明遣经略杨镐大发兵四路来侵太祖率师亲征王督兵于界藩山斩敌百人又败明总兵杜松等于萨尔浒山又明总兵马林营尚间崖总兵潘宗颜营斐芬山互为犄角太祖命步兵接战敌兵自西突至王即怒马迎战直入其阵遂同诸贝勒大败敌兵斩获过半总兵刘綎由宽甸路来犯太宗督兵登岗冲击王率左翼兵自西夹攻敌众披靡刘綎没于阵**凌河恕以免监军**天聪五年八月我军围大凌河城明兵来援距城十五里而军我右翼兵冲入败之生擒明监军道张春等春见太宗不跪太宗欲诛之王曰我前此所获无不收养且此人既以死忠为贵奈何杀之以遂其志乎太宗悦遂赦春**灭亲大义弃孙子**崇德八年八月太宗升遐世祖嗣位郡王阿达礼及贝子硕讬谋立睿亲王多尔衮王发其谋俱伏诛硕讬为王第二子阿达礼则其孙也**陪祀推恩展礼文**今年正月降旨以王及睿豫郑肃克勤诸王同配享太庙**三酹不禁清泪落　祖宗遗泽逮礽云**

乾隆四十三年岁在戊戌季春之月中瀚御笔　（印章）

21. 追封和硕颖亲王谥毅萨哈廉墓碑

追封和硕颖亲王谥毅萨哈廉碑文

自古帝王创业垂统必懋建本枝以作藩屏故生隆显爵殁锡丰碑典甚重也尔萨哈廉贝勒负姿忠亮中外所推肤功屡建甲胄躬擐努力行间职司邦礼尽心典则益著清洵，百代所当瞻仰者也拟封多罗郡王忽焉长逝太宗文皇帝眷尔勤劳追封为和硕颖亲王以示隆眷于康熙二年特赐恤典敕建丰碑朕今追念前徽加谥曰毅重勒贞珉用传不朽以示敦睦懿亲之意云尔

康熙十一年八月初一日

22. 多罗恭惠郡王棱德弘墓碑

多罗恭惠郡王碑文

国家纪功褒德首重懿亲苟能宣力王室著有懋勋存则宠之殊秩殁则载之丰碑所以昭惇睦励藩屏也多罗恭惠郡王棱德弘系和硕兄礼亲王孙和硕颖亲王之子赋质端和秉心渊塞当兹大统初集克效劻勷既称懿亲复懋贤德朕眷怀前烈思所以光昭泉壤爰命勒石纪文声施不朽为后世藩辅劝

顺治十二年十月初八日立

23. 多罗顺承郡王谥忠诺罗布墓碑

多罗顺承郡王谥忠诺罗布碑文

国家惇典庸礼道莫重于展亲恤下施仁谊更先于睦族是以宠备哀荣眷深终始式颁嘉谥载焕丰

碑恩至渥也尔多罗顺承郡王诺罗布分辉玉牒擢秀金枝翊卫周庐早征勤慎洊阶统领久著严明遂晋秩乎统军更入参乎几务公忠是励敬谨有加爰简两浙之元戎屏藩攸寄克戢三军于雍穆镇抚成宜懋乃成劳缵袭封之茅土眷兹耆旧加锡予之便蕃方期长享修龄岂意奄归泉壤缅怀遗躅感悼良深命皇子以临丧遣大臣而致奠易名有典特谥曰忠表墓有文俾镌诸石呜呼功留策府身虽殁而犹存泽被幽扃名永垂于不朽光昭奕祀不亦休欤

康熙五十七年五月初七日立

24. 多罗顺承郡王泰斐英阿墓碑

多罗顺承郡王泰斐英阿碑文

朕惟懿亲笃庆泽洽本支属籍承恩辉流奕世所以播朝家之隆谊垂天室之芳声贻厥方来光于前烈荣施烂焉尔多罗顺承郡王泰斐英阿系出银璜望崇宝胄桐圭衍绪韶龄早誉英材梓告宣猷策府频膺宠锡掌宗盟于同姓惇叙式昭寄军政于前锋申严匪懈沦徂遽告已当请谥之期赠恤频颁肇举易名之典考彝章于在昔缅行谊而非遥谥之曰恭象其遗迹呜呼德彰睦族屏藩懋麟趾之庥礼备饰终琬琰壮螭趺之色钦兹嘉命妥尔幽灵

乾隆二十一年八月初一日

25. 奉恩将军伦恭等赞重修弥陀寺碑

盖闻辽城东北东京城弥陀寺古刹也历年已久庙宇倾圮神像颓萎丁酉之岁有僧海宽者经过其地坐叹久之询诸土人父老云此如来佛庙也旧有正殿两廊香火地若干顷后被住持僧某浪费无度将地尽行典当因而挂锡无人庙象日损至今片瓦只椽无存又无能修之是以荒废至此耳海僧闻之潸然出涕曰我佛如来安息精舍普济众生力超龙象今乃使其金身莲台污秽于荒榛荆棘中属在释子能不为之伤心惨目耶誓愿建修独捐资斧鸠工庀材重整殿宇而塑金像山门群墙一时并举不期年而告成功又向之缁流所典当之地亦皆备价回赎以助伊蒲塞累世之馔夫辽城乐善者多寺院重修亦不乏矣而斯寺之毁败已久曾无有过而问之者而海宽以一僧独大发慈悲不惜一己数万之资使观音地藏诸庙象焕然一新诚不世之奇功也

辽阳城守尉兼奉恩将军加五级纪录二十五次宗室伦恭　特授奉天府辽阳州正堂加三级纪录八次章朝敕　诰封奉直大夫王世芳　辽阳正仓官景祥

公采访其事嘉其用心之苦而喜其乐善之诚也爰叙其始末命勒诸贞珉以为天下行善者劝

大清道光岁次庚子巧月吉日

住持僧法名海宽字圣滨　徒了琨　了孺敬立

26. 多罗顺承郡王谥简伦柱墓碑

多罗顺承郡王谥简伦柱碑文

朕惟麟振协庆展亲推锡类之恩螭篆扬芬褒绩重易名之典惓令仪于桂邸范著屏藩胪懿行于松阡荣生兆域丰碑载揭涣号斯颁尔多罗顺承郡王伦柱祇慎持躬渊醇秉德蜚英绮岁席燕翼以无愆列爵鱗辰美象贤而攸赖膺两朝之渥眷湑露常沾总九族以垂型风规共式趋班执戟宿卫寄以森严善射

弯弧技能嘉其娴习方谓仙源衍祜长延飚系之祥何期逝水增凄遽发薤歌之响怅马鬣而崇封初卜贲龙纶而殊宠优叨象厥生平予谥曰简于戏靖共匪懈尚留磐石之盟灵爽式凭载焕贞珉之色昭兹来祀克绍庥光

道光四年十一月二十一日立

27. 镇国将军春英关帝庙题名碑

(碑阳)

维咸丰五年正月参赞大臣搏托拉克泰亲王僧格林沁破贼于连镇歼其首逆献捷京师天子以几辅肃清乃念东三省官兵久劳于外特命凯撤归伍以示优恤岫城官兵与焉初粤匪之由豫而北也度临洺趋山右折而之天津独流犬奔蚁聚京师为之戒严天子赫然震怒以科尔沁郡王僧格林沁加封搏讬拉克泰亲王为参赞大臣统兵进剿时方调盛京官兵赴援即以属之而岫城官兵奉调者凡二百一十名类皆有勇知方之士启行之日志切同仇因誓于关帝庙前以期其必克焉适贼由天津窜入连镇筑垒建栅为负嵎计僧王则掘壕久困之贼果以食尽被擒连镇遂平维时大兵数十万其力竭捐躯者计百余人而岫城凯兵仍如其启行之数揆厥所以实由圣天子庙算无遗僧王忠盖勤劳而实关帝之神灵助顺乃有此捷也爰志之石且韵以铭铭曰

列圣创垂　其焕其巍　于皇谟烈　是式九围　惟皇御极　一日万几　宵旰宸廑　百姓群黎　衣冠万国　兢业重闱　兴利孔亟　去邪勿疑　凡有弗若　除而去之　蠢兹粤匪　灭德立违　干诛犯顺　鬼惨神悲　断流善骨　溉土忠脂　荼毒南国　蔓滋郊畿　明明天子　不怒而威　命王徂征　剿抚兼施　惟王之智　动合机宜　惟王之忠　敬事慎微　惟王之惠　士卒抚绥　何坚不靡　何锐不摧　矧惟圣帝　保佑扶持　去彼悖德　助我清时　殄此群丑　年未及期　乃擒以术　乃毙于饥　歼厥逆首　余孽不遗　善苗得养　恶草其萎　红旗星驶　丹诏云飞　全师奏捷　凯唱以归　昔我往矣　杨柳依依　今我来思　雨雪霏霏　神功圣德　日月同晖　凡我军旅　念兹在兹

□□□学生董熙元沐撰并书

(碑阴)

……镇国将军加八级岫岩城守尉宗室春英……

28. 二等辅国将军谦禧书丹避暑山庄宫墙泊岸堆拨仓廒暨武烈河堤坝各工程重修记碑

避暑山庄宫墙泊岸堆拨仓廒暨武烈河堤坝各工程重修碑记

热河为古幽州外域汉□时入版图□归番部至辽金元始全治其地明永乐时弃与三卫自我朝受命中外一家蒙古诸部□输诚归化乃分土设官隶于畿甸圣祖仁皇帝□其距近京师□于康熙四十二年肇启避暑山庄高宗纯皇帝曾建大□四方之民环□辐辏骈坒殷阗□若都会乾隆四十三年始升热河厅承德府□□时秋狝木兰□驻跸于□□□□□武习劳绥怀藩服非仅为巡幸也山庄之东北有武烈河五源汇合夏秋水势极大极猛本向西南顺流入滦自建□山庄以来改河道□□南流设石隄以障之时复培巩故得循轨而有所归宿即盛涨不为患此石隄关系全郡之安危为必不可省之□工也道光以后多年失修形溃圮迨光绪癸未夏霪雨为灾当时兴复适值海疆多故部议暂缓仅筑草坝权且计丙

戊秋复遭水患□不倾颓人民苦之余与□护谦会奏请修各工旋奉命□为其事丁亥春特遣工定陈□会司热河□府各员诹吉于二月廿五日一律兴工修复墙垣千三百余丈东北隅镇水台一座泊岸百三十余丈月牙泊岸四堆拨三十七间仓廒六座石隄千三百余丈原旧之石隄不过七层九层今河身淤高不得不因时制宜量为加高北起狮子沟添筑虎皮坝八十二丈以防狮子沟旱河□水内浸建旱桥二座以通往来石隄自龙王庙后起至六合塔迤南均加高一层塔以下至迎水□北甃砌□二层河神庙东面概加高三层□西南尽沙隄嘴处皆加高二层统设水簸箕一含洞□以消内水大佛寺前左为二道河街右为狮子沟街亦同时遭水患故添筑虎皮坝二百□□丈以约武烈河之漫水其紧要当冲处修坦坡坝百丈中设旱桥二水簸箕五并留水道二以洩北面之山水且各通衢复凿去二道河之南嘴伊犁庙之东山嘴以除狮子沟街流盃亭门冲激之害其余则疏浚河道拦筑护工草坝平填冲刷□坎挑挖洩水沟渠共□部帑三十□万两日役夫□以万计越期年五月而全工告成使军民共登衽席以保卫我朝二百余年之胜地人民之福也国家之幸也当其事者均能栉风沐雨不殚劳辛清白乃心实事求是且较曩昔节省数十万金余喜其费廉而工固用勒珉以纪其实其有略而弗祥者□人之远备矣兹不复赘□言是为记

钦差大臣太子太傅文华殿大学士兵部尚书兼都察院右都御史总督直隶等处地方军务粮饷河道盐政管巡抚事一等肃毅伯李鸿章撰文

钦命头品顶戴管理热河等处地方都统奇成额巴图噜加三级军功加一级纪录二十次宗室谦禧书丹

光绪十四年岁次戊子仲夏月之中浣立

29. 多罗贝勒谥怀愍常阿岱墓碑

多罗贝勒谥怀愍常阿岱碑文

古帝王承天抚世笃念宗亲故生则锡以荣封殁则彰其令誉典最渥也尔常阿岱聪敏成性端方制行方冀遐龄忽然奄逝念尔谊切宗室复隆表著之恩爰稽成宪谥曰怀愍勒之贞珉用传不朽庶昭朕敦族之心永为藩屏之懿典云尔

康熙五年九月初四日竖立

30. 奉恩将军普政牛心山娘娘庙题名碑

盖闻黑峪沟掌牛心山之阳旧有古刹而庙貌倾圮不复如初有道人高扬信云游至此见仅存地址而草木丛深荒芜难堪因虔诚默祷立愿苦修是以刨树挪石纠□众善共成盛事于乾隆二十五年建立大殿三间绘塑娘娘金身三尊门墙户壁焕然一新因年深日久房屋渗漏有会首白可宗等不忍坐视募化四方乐施檀那重修庙宇再塑金身虽美哉轮焉美哉奂焉增其华于踵事而如竹苞矣如松茂矣安能保其固于万年后之有志者果能继志述事修补勿替不大有合于惟天福善之意乎是为记

界境　南至山顶　北至腰岭　东至六道沟　西至砬嘴

凤凰城城守尉兼奉恩将军纪录五次宗室普政　厢黄旗防御□喜　　作碑文抽□　王量衡　写文字□□　姚密南　　会首刘文魁　佟德成　白可宗　佟五诺　徐敬　　住持高扬信　　石匠杨天禄　苏国仁

大清乾隆肆拾年岁次乙未四月十八日榖旦立

31. 奉旨追封和硕惠顺亲王祜塞墓碑

奉旨追封和硕惠顺亲王碑文

朕惟国家酬庸之典首在展亲人臣励翼之勤尤崇报本尔镇国公呼字于顺治十年五月追封郡王兹以尔子杰书进封为和硕康亲王疏请推恩是用复追封尔为和硕惠顺亲王旧德聿昭愈重新恩之勿替子情克慰尤思臣节之宜敦勒兹贞珉立之墓道用垂不朽云尔

大清康熙元年季春朔旦立

32. 和硕康亲王谥良杰书墓碑

和硕康亲王谥良杰书碑文

朕丕纂鸿业谊笃天潢敦念本支每优眷礼其在宗英茂德茅土早膺用命疆场勤劳懋著生既邀夫宠锡殁宜被以隆施尔和硕康亲王乃和硕礼亲王之孙蒙世祖章皇帝推恩属籍授以多罗郡王之爵寻进亲王缵乃祖服后参议政之列得备机务之询洎命将戡除三逆敕为奉命大将军指授方略俾帅师由浙取闽王仰承庙算剿抚寇贼岩疆既奠振旅还朝圭组雍容恪勤罔替朕弥嘉乃劳绩王益持以小心方期荷兹宠光永享多福而遐龄未究一旦溘亡轸忆生平用深凄惨爰遵宪典载锡诔章赐葬易名以光泉壤呜呼勋留竹帛尚思宣力之懿亲泽沛宗藩懋展饰终之令典勒垂琬琰式贲松楸

康熙三十九年九月十七日立

33. 皇清册封郡主觉罗氏淑慎墓志铭碑

皇清册封郡主觉罗氏墓志铭

翰林院侍读加三级双峰年羹尧撰文

贵州石阡府知府海宁陈奕禧书丹

经筵讲官工部尚书加三级华亭王鸿绪篆盖

郡主讳淑慎字惠卿和硕康亲王第八女相国明公之第三妇册封额驸揆方之妻也郡主以王室懿亲奉天子之命下嫁于额驸鹊巢鸠居韩姞燕誉金屋翠屏玉钗宝压有百倍于寻常万万者而郡主乃福厚数奇奄忽不禄此额驸之所以悲不自胜而欲有所述以为国史家乘之助焉顾以天家世宝两姓赫奕岂无有大手笔如范蔚宗欧阳永叔其人者扬芳摛藻足以信今传后而荒陋如余猥以其志为嘱余不敢以不文辞者盖亦有故云斯子之诗之祝女子也曰无非无仪而易家人之六二亦曰无攸遂是则女妇之贤殆以无所称道于人者为至而然有外人所不及知而姻娅族党知之者亦有姻娅族党所不及知而诸姑伯姊知之者且有诸姑伯姊所不及知而幼小依倚其知之为独深者盖额驸乃余前妻之叔父也当郡主之于归余妻方在待字而郡主与额驸以其孤弱也而怜惜之故余妻之知之也为甚祥犹忆余妻曰郡主生长绮纨而甘于俭素曷浣曷否俨然有葛覃之风其事舅姑也以不得久事其姑为恨故其于舅也先意承志唯恐有弗当者以至妯娌之间皆曰吾兄弟也逮于臧获之辈皆曰是不啻吾父母也而况小星三五无不愿君子之福履而相安于命之不犹又古人之所难者若夫春秋假日偶事吟咏琴瑟在御间一抚美事则香闺之韵事而名媛之闲情也此余妻所尝云云余因以耳熟也故记之昔永叔之志谢氏也质之以其夫梅圣俞之言而余之志郡主也即质之以余妻之言则余之为斯文也岂不信而有征哉然而余之执笔不禁泫然者则以安仁奉倩相怜同病凄其旧雨昔梦重温盖

余妻之墓已有宿草久矣嗟乎死生存没之不可知如此类者又曷可胜道哉此昌黎所以有观居此世之叹也郡主生于康熙二十年十月二十一日卒于四十五年十一月十五日春秋二十有六将于四十六年四月十二日葬于玉河皂角屯祖茔之西北男子一人安昭女子一人早卒如是为之铭曰

猗嗟郡主 惟德之优 舅□夫媚 声淑色柔 而况其余 倾欹无忧　金石可磨 斯铭长留

旌德王紫雯镌

34. 追封奉恩将军祥厚重修朝阳寺题名碑

（碑阳）

重修朝阳寺碑记

粤惟梵宇幽深有绮树祥云之异法宫静穆居明山秀水之间灿光碧于玉台云笼树翳据形胜于山陬水绕山环如来佛之尊于此地也始称明秀继号朝阳肇基先代追踪古王巍巍乎栋梁壮盛焕焕乎殿宇辉煌噌吰兮声彻云乡钟鸣山寺氤氲而堙盈柳坞风送炉香偃盖高悬响铃和于天外宝幢耸列讲经法于禅堂不图岁月积久风雨渐残栋折榱崩慈悲室群思削素墙倾壁蠹弥勒龛不见涂丹悟来静境□机三过□□想起雕甍绣阖达一顾盘桓檀林香冷松桠月寒苟非焕金碧于翚飞鸟革何以展□□于鹿院香坛于是岁在戊申守寺僧来贵愿增修故趾丕焕新规遂邀阖会善士相与图维力捐清橐共建丕基口藜藿之旧居乃左乃右成丹青之宝刹经之营之琳宇光明回合峰峦之势璃宫美丽平临溪谷之陂虽色象皆空居室岂须乎人力而烟霞灿著栖迟恍遇夫莲池从此法雨均沾被化泽而尘缘皆洗慈航普渡出迷津而心性咸宜既欲永彰乎丕绩能不敬勒夫丰碑

镇守金州等处地方副都统加三级宗□（室）祥厚　金州协领加一级翼绵德　赐进士出身文林郎署奉天府金州海防同知事加三级□□（沈逢）恩　金州厅训导加一级□□□　金州厅巡检兼司狱事加一级□□□　邑庠生吴氏恒恩撰并书

大清道光二十九年岁次屠维作噩荷□□穀旦　阖会同立

（碑阴略）

35. 追封辅国公谥悫厚塔拜墓碑残件

国家念旧宗支延罔替之恩臣子垂勋盟府垂不刊之典苟其肇功缔造懋绩贤劳而人代既遥声施渐泯自非录存畴昔何以垂示来兹尔辅国将军追封辅国公谥悫厚塔拜我太祖高皇帝之第六子也托体天潢宣劳帝室维扬我武服勤戎马之间克北其猷佐命风云之会用能陈师东海抚众北隅禀指授以无违效驰驱而有获分军并进振旅遄归当时庆赏已行此日表章宜及每因论列犹追忆夫前劳特示赏延俾施荣于后裔更命尔孙之请载录先世之勤锡以丰碑揭诸故垄于戏功存王国固无遐迩之遗恩被家人讵有戚疏之异故兹换汗用展亲贤无替旧勋尚承新命

（康熙五十二）年立

36. 重修宗室裕德瑞墓碑

（碑阳）

先祖爱新觉罗公讳裕德瑞　母瓜尔佳氏　钮祜禄氏　伊尔根觉罗氏之墓

（碑阴）

先祖裕德瑞生于康熙七年于康熙四十四年获取皇帝恩准由北京来这里定居守曾祖塔拜墓从此满堂村逐步形成乾隆十四年卒享年八十二岁

（伪）康德八年裔孙吉兴修葺茔墓树立碑石近年墓碑已损故再修整彰之荣誉以表后裔子孙之孝心也

满堂后裔叩立

公元二〇〇一年六月九日

37. 奉恩将军都尔嘉等重修北山药王庙碑

（碑阳）

古之圣人既以其道君师天下使海宇之内无一物不得其所而犹以六沴五郁之患非礼乐刑政之所得而平于泄阴阳之察究运气之殊审药物之宜禁经络之辨作为诊候汤液醪醴针熨之法以救斯民之疾苦自是群贤代出遵其典教阐扬推扩尽变通微各出心裁随时救济如越人仓公长沙诸贤尤其彰明较著者医虽小道亦仁术之一端历观灵素诸经奕调参赞悉被其中顾用之大小存乎其人耳昔者圣王之制典也法施于民则祀之三皇为帝王称首国家自有专祀乃者崇祀药王配以十六名医而以三皇位乎其上令庶民皆得瞻礼无乃亵乎不知数典不可忘祖饮水必当思源报祀之礼自古为昭吉林旧有祠庙后毁于火改建北山之巅乾隆四十九年复毁赖将军都公率属捐资为倡阖郡共成其事岁次丁未庙宇聿新丹青炳焕动一方之敬礼肃万姓之观瞻洵城北一胜境也自鸠工以迄竣事凡历二年需费既繁经理匪易所愿入斯庙者体古圣爱物之仁师群贤救患之切随时随地轸念斯民处庙堂之上则思裁成左右利济一时职亲民之官则思仁恕严明福庇一邑为闲散之侣亦当思即境随机方便利物药行医士具有人心本斯意而推行之庶上可慰古圣贤在天之灵下不失将军都公倡率之意然则今之建斯宇岂曰小补之哉若乃牺牲香帛稽首告虔冀护天庥以邀冥福是谓仪不及物在乡党自好之人且有所不取矧聪明正直之明神肯为所惑哉睹斯文者，其亦以道事神可矣

大清乾隆五十二年岁次丁未清和月上浣穀旦

天长王锡昌撰　　吉林郑惸书　　石匠于景祥镌　　宗室都尔嘉敬立

（碑阴）

勇于为义

镇守吉林等处将军兼理打牲乌拉拣选官员等事袭奉恩将军宗室都尔嘉　吉林副都统仍兼理打牲乌拉总管事务索柱　阿勒楚喀副都统额尔伯克　护军营总伯崇阿　吉林理事府玉柱　正黄旗协领兼正红旗公中佐领辉色　镶黄旗协领兼正蓝旗世管佐领凌泰　正白旗协领兼镶白旗公中佐领依兰泰　镶白旗协领兼正白旗世管佐领永保　正红旗协领陀蒙阿　镶红旗协领珠而萨　正黄旗协领兼镶黄旗世管佐领诺莫三　镶蓝旗协领兼正蓝旗公中佐领巴朴苏纳　蒙古旗协领巴图　鸟枪营参领张锐　阿拉楚喀左翼协领达松阿　掌主政爱兴阿　工部虞衡司主政苏章阿　吉林学正孟人文　吉林巡检司巡检丁凤梧　镶红旗世管佐领承袭云骑尉和德　镶红旗防御署理镶蓝旗佐领多伦保　镶白旗佐领额尔锦　鸟枪营镶红旗骁骑校张荣先　西路管站监督永安　北路管站监督武理恭泰　蒙古镶红旗佐领纪兰泰　正黄旗佐领八十　鸟枪营镶红旗佐领福宁　正红

旗佐领莫尔耿额　蒙古正蓝旗佐领青山　水师营四品官朱恭　水师营四品官滕天禄　水师营五品官龚建邦　水师营六品官戴文相　水师营六品官沈兰　拉林委官种德

38. 宗室景普等捐资重修盛京天祐门外关帝庙碑

（碑阳）

盛京天祐门外重修关帝庙碑记

原夫释教入中国始于东汉而立庙奉神灵盛于后□□□是以来宋元因之而兰若之崇丹雘之涂望之而巍然焕然者所在多有故兹天祐门外关帝庙自明嘉靖中以迄我朝成毁相寻新旧屡易而代更年湮犹可指而识之以悉其巅末者盖人力继续之功非浅鲜也今夫庙之立也以象教者怵其目复以声宣者悚其听珠龛宝刹觉世俗之靡靡暮鼓晨钟儆人心之梦梦法物犹存未可以故事置之此佛经所以有梵音之号云特是质之可以寿世历久而不渝者惟金石为最坚然读嘉庆十五年碑记尚不能免劫灰之虞况殿宇屹然瓦砾覆之虽四梵之神通不禁六丁之风雨则多历年所随时势之变迁而奄忽改观其需人力以永之者为尤急维时兴土木施垩墁使昔之屡焉更新者至今兹而又新是随时势而转移复资人力而崇起将关帝之圣武神威垂于不朽而后人之经营缔造亦引于勿替则继续之功宁有终穷哉故为文以记其事作于前继于后并前后之捐赀以襄厥事者皆可考而知枚以举也斯亦鼓舞人心之最切者也君子曰是可以劝善矣故志之

直隶乐邑弟子廪生左遇隆沐手撰　山西太原府谷邑弟子贾肇基沐手书丹

大清道光七年岁次丁亥荷月吉旦　阖会经理人等公立

（碑阴）

武开禧施银九十两星申保施钱八百千又募化宗室景普施钱二百廿千宗室蒲贵施钱一百□千侯廷权施钱六十千通盛居施钱六十千张猪店施钱五十千德昶栈施钱四十三千趟□□施钱四十千□□恒□施钱卅八千万利栈施钱卅七千□□栈施钱卅六千王□□施钱三十千复昌栈施钱廿七千顺兴栈施钱廿一千利祥栈施钱十八千陈□□田和□吉当大成当广成当发合当曹□□各施钱五十千鸿德栈利成栈德隆栈各施钱十八千邵□德广源栈恒利栈富口栈和盛栈武□□涵□□□尹魁桓德□广恒号各施钱十二千宗室魁义广发栈口德明广生茂邓口王来科杨文弼安兴各施钱廿千（以下题名略）

39. 辅国公噶布喇墓碑

辅国公噶布喇碑文

自古帝王创业垂统以贻万世凡在宗支皆膺显爵所以重懿亲也尔噶布喇乃镇国公把布太之子性行纯良克循职任方冀永享遐龄何乃遽闻奄逝朕笃念宗亲爰稽成宪勒之贞珉用垂不朽庶昭朕敦睦之怀云尔

康熙贰拾贰年玖月初贰日立

40. 辅国将军德仪之女圣旨碑

（碑阳）

皇帝敕谕王化始自闺门妇德首崇节义荣褒未贲风教奚彰尔二等男兼佐领散骑郎朱亮之妻系

辅国将军兼一等侍卫德仪之女阃范夙娴母仪克著夫亡守节二十余年洁志坚操深可嘉尚念系宗室之女兹特赐敕奖谕用昭朕褒贞劝俗至意故谕

乾隆三年四月初十日

（碑阴）

男峒山、嵩山、畲山 孙能泰敬立

41. 宗人府颂恩并赞睿忠亲王多尔衮昭雪碑

（碑阳）

皇帝握机肇运阅今六十年乾苞钟睿坤纽阐禔尧风舜曦煦濡万品凡薄海内外乐春台图王会者久已炳耀册府矣仰惟圣祖仁皇帝御极之六十年久道化成宇宙同度鸿功粹德锡美至今皇上祇遹绍闻延美大光敛福锡福若合符契大孝备焉抑臣等闻帝王之以孝治天下也未有不自亲亲始记曰尊祖故敬宗敬宗故收族尧之亲睦舜之惇叙具以是焉国家发祥东土本大枝蕃其派接银潢谊联瑶谱者罔不沐膏浴泽餍饫优游百数十年于兹皇上锡五代同堂之庆延为麟定麟角之祥牒纪来仍祉昌华萼瓜绵椒衍不啻倍蓰于前而推恩锡类之怀所以笃宗枝介景福者仁洽道丰美矣盛矣臣等备员宗人府钦仰圣天子亲爱恺恻之忱怙之如天养之如春恩普德洋九亲沾溉兼有逾格维持纤微毕逮俾身被鸿施而词不能罄者臣等请据历年册籍以恭叙大凡焉夫八柄驭臣爵禄居首今自镇国奉恩将军以及宗学总副管均有一体选用之例所以简循良也宗人府官概录宗室复添设御史司员诸缺以广器使其奉职盛京及承祀官等酌授田庐俾资安养外而城尉亦擢同宗贵贵亲亲情意兼至建宗室觉罗学以隆上仪养其蒙正勖之成材学生考中者以笔帖式用并准其考选库使虑其督率之未严也设官以掌课程轸其饩廪之未充也赏银以益公费其在八旗者令族长约束之教诲成全德莫厚焉发金分赉惠心有孚而宗室年十岁觉罗年十八岁者并拜输粻至于不应承袭之孀居未经袭职之适子各优米俸俾饫余粮推置之思无微不至如袭爵者系傍支本生三代受封均荣宠锡王公等降袭者亦罔替等第光及前人荫垂后裔恩谊洽矣公爵得用紫缰洵昭异数其有品级可按者给顶之外均与锡鞶即间散亦弗遗焉近支应封者校艺以拔优长荣邀翎缎奖励并行睿亲王等勤劳栉沐诚史册所罕靓复还崇号追谥葺祀报本酬庸莫大乎是因之溯殊勋而延带砺置宿眚而眷亲藩珪社共膺葛藟永庇矣岁癸卯涓吉式宴少长以班胪子姓者凡二千人称兕颁珍群情乐恺斯极展亲之盛举也□此者皆由我皇上光缵前绪推广孝思本乎善继善述达以至性至情爵秩之绵延教养之优裕燕衎以示惠匪颁以明恩罔不食德饮和沦肌浃髓以凝丕祉以翔鸿庥协气旁流颁声交畅至诚孚乎九隅令典传诸重叶推此以平百姓和万邦与放勋实同揆焉臣等亲荷洪慈感深肺腑诚知毕力竭情不足以揄扬盛美亦欲稍抒衔戴之悰约而谮之敬勒穹碑光昭法守用垂亿万斯年弗替云

大清乾隆六十年

（碑阴略）

42. 和硕豫良亲王修龄墓碑

和硕豫良亲王碑文

朕惟延庥锡爵金枝彰复始之封笃叙推恩翠碣重易名之典缅旧勋之未沫泽衍屏藩眷令闻之丕

昭荣施兆域惟王瑶源引派瑞牒分辉稽翊运之成劳旗常久纪带酬庸之懋赏举砺宜垂朕特念前徽重加显秩宗盟是掌期表率于仙潢旗务兼咨待统司乎禁旅方冀长膺苐禄何图遽谢芳华奠酹以时既备雕筵之荐表茔有制还传贞石之铭象厥生平以良为谥于戏溯宣勤于策府分璜增桂邱之光具宠恤于彝章勒琰焕松阡之色休称不泯式眎来兹

乾隆五十二年十二月　日

43. 正蓝旗宗室福勒洪额题名碑

正蓝旂宗室福勒洪额

盛京户部管理庄头事务加一级纪录十次六品官绩尔阿□□□□□□□□□□□□□□□□□□□□厢蓝旗骁骑校加三次纪录二次明保领办庄头事务纪录十次催长陈勋领办庄头事务纪录八次催长杨作楫领办庄头事务纪录七次催长刘永衔领办庄头事务纪录一次催长石天成领办庄头事务纪录一次催长阎成锦领办庄头事务纪录六次催长何学良领办庄头事务纪录一次催长蒋存贵厢黄旂领摧札拉芬厢蓝旂领摧福生厄（以下功德人题名略）

44. 和硕显亲王谥懿富寿墓碑

和硕显亲王谥懿富寿碑文

古帝王膺受天命咸赖懿亲夹辅宗社生则大启藩封报功崇德没亦勒之金石永垂不朽朕丕承先业抚育万邦亦惟诸宗亲共襄图治尔富寿系和硕肃亲王之子推恩封为和硕显亲王性资端敏克绍先猷方冀遐龄遽尔奄逝在朕亲谊笃执既萦一本之怀追尔品行纯良益切维城之痛爰稽成宪赐谥曰懿勒之贞珉昭示奕世庶表朕笃族之心永为藩辅懿典云尔

康熙拾肆年肆月贰拾壹日立

45. 和硕显亲王谥密丹臻墓碑

和硕显亲王谥密丹臻碑文

朕惟自古众建宗盟蕃屏王室藏之内府载在典书必曰国以永宁爰及苗裔矧再传之近克慎乃在服无坠前人休尤必推亲贤之谊以沛始终之恩惟王润衍天潢枝分玉叶爰自乃祖勤劳皇家战功既高诚节茂著亲藩是宠继在后人逮及王身已历三世每存寡过之志弥切乐善之怀朕笃念天伦特加深爱春秋宴会恩礼便蕃邸第优闲常垂劳勉方期遐福共享升平疢疾忽闻慰问勤切赐之兼金乘马示宠于生前特遣宫府大臣办护其身后牲劳之数奠飨之期馈室之营丰碑之树有司行事悉举如章更为王易名嘉谥曰密呜呼岂特所以饰尔之终尚慰乃祖于九原俾知我国家展亲报功真有罔替之恩亦俾尔子孙无忘先烈世世克承以享有终誉永言存没钦我训辞

康熙四十二年四月十六日立

46. 和硕肃慎亲王敬敏墓碑

朕惟义崇敦本先宿齿以推恩礼重饰终惜老成之徂谢眷殆徽于桂邸铭鼎犹存爰宠赉于松阡丰碑特建尔和硕肃慎亲王敬敏持身严恪秉德温恭念乃祖有大勋劳铁券赏延于累叶迨尔躬无时逸豫

金枝秀茁于绮龄皇考当践阼之初懿亲袭分封之典受恩弥渥谨度弥虔统劲旅之虎符徧八旗而皦历领神军于鹤御励七校以精能宗人资表率之方银潢就范府库凛度支之掌白水明怀寿衍古稀懋赏特颁夫吉羽勤曝旨殊施更畀以安舆凡兹纶綍之宠多皆本圭璋之品瘁及朕继承大宝惟益矢小心阅三载而素履无愆跻八襄而元神弥固方冀微疴勿药省事以遂其养生岂期遗疏旋闻未疾遽成为大暮乃颁经被兼锡精缪命亲藩而往荐雕筵饬礼官而载升芳醑用举易名之礼式彰茂实之勋象厥生平谥之曰慎既恤金以卜兆特伐石以摛文于戏我国家报功罔替敦大节者斯享大名尔子孙厥德聿修先绪者毋忘先烈慰尔灵爽钦哉训辞

咸丰四年九月

47. 御制和硕裕宪亲王福全墓碑

御制和硕裕宪亲王碑文

国家景运庞洪本支百世用惇秩叙懋建屏藩矧兹同气之最亲加以懿行之茂著恩无间于终始礼务尽夫荣哀纪述生卒倍增忾叹惟王为皇考世祖章皇帝之长子朕之亲兄也胄既属尊齿复居长而秉性宽和持身谦牧虚受之量虽疎贱不遗矜慎之衷虽细微必饬而其大者则在因心展孝曲尽慈宁色养之诚视国如家克敦夙夜奉公之义入而预闻大政出而翊赞戎机佐致升平共享清宴岂期偶恙遽遘鞠凶当王之初疾也尝遣医审药躬视再三王自谓渐瘳谆辞逊谢及朕时巡塞上哀讣忽闻遂触冒炎蒸倍道遄返辍朝临奠制诔抒怀历丧礼之告竣常涕泗之横集顾瞻华屋杳隔春晖岁月不淹顿成陈迹能不悲夫迄今追惟往事溯自髫龄或同侍寝门或偕游禁苑或参稽图史或陪扈銮舆朕日笃家人昆弟之欢而王则益修臣职惟谨四十余年曾无失德天怀乐善何日忘之经曰高而不危所以长守贵也满而不溢所以长守富也王服习斯训美备厥躬按法旌行予谥曰宪洵无忝矣兹王之寝园在黄华山麓川回岩抱既固且完朕亲加相度乃襄大事嗣子保泰命绍旧封式缵王绪于戏唯王克忠克孝之节允树为臣为子之型王之休德朕褒扬之王之后嗣朕佑芘之爰据实摛文勒之贞石用垂令闻于不朽俾后之览者知所景仰焉

康熙四十九年

48. 追封保寿亲王墓碑

追封保寿亲王碑文

朕惟国家展亲之典聿重宗支朝廷锡类之仁必推源本厥有克全令闻垂裕后昆者宜显示以褒崇用阐扬夫善庆勒诸金石允协彝章尔保寿乃和硕裕亲王广宁之父璇源衍派天汉分辉品居公爵之尊桓圭表瑞德茂安敦之吉朱邸凝庥缅遗范之既遥美承家之有后朕情殷教孝特许推恩追封尔为亲王锡谥易名遣官致祭呜呼蔚称藩辅之荣祥由燕翼诞受丝纶之宠声被来滋贞珉屹马鬣而长垂华衮得龙章而丕焕千秋雨露永润泉垆岂不休哉

雍正三年六月初七日

49. 和硕裕庄亲王广禄墓碑

和硕裕庄亲王广禄碑文

朕惟金支衍庆久推宿□于宗盟翠碣镌铭聿考彝章于册府惟亲贤之素斯礼恤之宜优爰播恩纶

丕昭芳誉惟王宠穷端谨秉志醇良绍令绪之绵延崇封早锡作仙潢之表率显爵攸加朕谊笃同寄恩推近属榷登议政班联则广特领鹓行洊任统军职掌则典司虎旅玉牒总编摩之局夙知综辑惟勤琼筵承恺乐之庥式喜龙光载荷昨以八旬晋表欣蕃祉之能膺因之七字裁篇赐宸章而示眷嘉其晖吉并颁冠服之荣勉以颐和永树屏藩之望芳冀更绥夫茀禄何期莫驻乎遐龄展祀以时既申仪于洁俎易名有制还表行于贞珉象厥生平以庄为谥于戏缅芳圣于书邸尚怀棣鄂之分辉彰休命于丰碑长见松阡之焕采克垂令闻勿替

乾隆五十一年十月

50. 皇清和硕荣亲王圹志碑

制曰和硕荣亲王朕第一子也生于顺治十四年十月初七日卒于十五年正月二十四日盖生数月云爰稽典礼追封和硕荣亲王以八月二十七日窆于黄花山父子之恩君臣之义备矣呜呼朕乘乾御物敕天之命朝夕祇惧思祖宗之付托冀胤嗣之发祥惟尔诞育克应休祯方思成立有期讵意厥龄不永兴言鞠育深轸朕怀为尔卜其兆域爰设殿宇周垣窀穸之文式从古制追封之典载协舆情特述生殁之日月勒于贞珉尔其永妥于是矣

51. 宗室英翘等重修火神庙题名碑

重修火神庙碑记

盖邑之有火神庙也由来久矣圮而复新者亦屡矣顺治戊子有游击王公汝库者，捐金重修，置产以供香火邑人徐晋复修于康熙三十七年其孙徐启先再修于雍正十三年迄于今垂二百余年矣风雨之摧残墙垣之倾倒无复昔日之巨观焉而住持斯庙者则又弃若敝蓰盗典一空致使前人经营好善之诚荡为若失神其有灵当亦顾之而于邑者光绪己丑董斯会者见斯庙之废弃住持之昏惰也议逐去之有道士张自恭者性朴诚绝荤酒清静无争好善不倦尤敬护书籍凡一字一纸必亲检焉以纳诸麓十余年弗衰邑人嘉其有恒志必能恪守清规以振兴为己任公举以为住持今阅一载矣果能立志不懈众无闲言而又虑斯庙之剥落也思所以修葺之乃集业于者各出金为助顿改旧观向日所置之产亦次第以价赎回岁得租市钱肆佰串以祀神则足矣住持无为养赡计则不能历久而不敝今春张自恭商诸烟会议抽外境贩烟之捐捐按包纳包各捐贰百文集千腋之裘作众擎之举与者不费受者有名诚一举两得也商诸众众曰宜禀诸官官曰可出示议行重立规条□垂久远夫火神载诸祀典列中祀之一凡所以卫我生民者虽亘古而常新自媚奥媚灶之说兴有以淫神祟观祈福者矣庙祀正神反淹没而不彰予既嘉邑人之能守祀典乐善好施且以嘉张道士之克勤厥职庙貌重新也用特历述颠末勒石为记俾后之君子有所兴感云尔

诰授奉政大夫花翎同知衔盖平县知县加三级钱塘陈忠伟谨撰　钦加二品顶戴花翎盖州城守尉宗室英翘　统带铭字先锋马队左营总兵衔东河升用副将尽先参将额勒珲巴图鲁马金叙　钦加理问衔特授盖平县右堂加三级纪录五次赵汝翼　贻封六品贡生德兴　岁进士候补儒学正堂郭尚之　从九品郑鸿钧　后学唐逢春沐手敬书　　石匠于忠明

大清光绪十六年八月初八日榖旦立

52. 和硕纯亲王谥靖隆禧墓碑

和硕纯亲王谥靖隆禧碑文

惟稽古懋建懿亲覃敷雍睦盖以敦一本重宗盟也朕纶嗣丕基笃叙伦纪凡属天潢之派咸推王室之恩矧任重藩屏谊殷手足眷念既深于存殁典章岂靳夫哀荣惟王乃皇考世祖章皇帝之子朕之弟也质成聪敏性秉温恭孝友克彰谦仁遹懋裕含章之雅范弘乐善之休风朕夙重天伦不吝封爵锡之茅社永固河山方谓同气之亲克树作邦之翰何期早婴危疾遂致长逝幽冥眷昔偕侍慈帏同欢别殿虽尔实凛君臣之分而朕无间昆弟之情往事如存流光频易中心眷恋何日能忘是用特命有司式循彝宪务极优崇之数庶抒惋悼之怀既相土而赐茔仍易名以旌行锡之嘉谥曰靖于戏宠沛褒纶，聿表新贤之望崇开吉兆尚昭友悌之忱俾勒穹碑永垂奕祀

康熙二十一年二月二十一日立

53. 奉恩将军原任绥远城将军弘晌墓碑

原任绥远城将军宗室弘晌碑文

朕惟旌门展绩筹边资分阃之才册府酬庸备礼重勒珉之典念成劳之未泯宜宠恤之攸加特贲丝纶聿光琬琰尔原任绥远城将军宗室弘晌宗潢衍派禁籞承恩初参宿卫之班长征决拾洎晋统军之任旅帅勾陈遂分旄钺以宣猷阃海壮风云之色爰建牙幢而移镇陪京昭屏翰之勋洊膺嘉命之颁俾赞宗盟之治属偶疎于奉职散秩犹叨旋载锡以隆施岩疆仍寄方重期夫保障乃遽告夫沦徂式荐芳筵奠醊之仪以举用标丰碣易名之制斯彰象厥生平谥为勤肃于戏表壮犹于建节尚怀策裕韬钤申休命于题碑长见辉增兆域庶垂令问勿替方来

乾隆四十七年　月

54. 宗室载耀重修城垣碑

盖州城垣自乾隆四十五年请帑重修后风雨摧残日形颓倒咸丰经城守尉宗室载（耀）派委厢黄旗防御乌会同铺商谭人敏等将颓隳外墙皮补休数段同治四年秋焉贼滋扰而城垣颓倒可通行人来一处矣守御无凭人心惶恐不得已于十月二十日仓卒动工五年攻作凡兹紧要之处并力兴修颓累鼓裂者次之砖石脱落风雨催之挑河筑堤以固城根添石加灰以期永久者又次之新城楼复垛扇筑沟堤八年之久经营始毕惟愿有志者知斯役之艰难随时修成功庶乎一朝有事不至仓惶无指云尔

共用东钱十三万二千六百十二吊零九十

同治十二年清和月

55. 多罗诚郡王胤祉奉敕书御制弘慈广济寺碑

御制弘慈广济寺碑文

盖闻堂开鹿苑夸祇树之香林境辟鹫峰传宝华之胜地若其清风盈丈室亦岂在于离群皎月映禅心初何嫌于近市正以琳宫伊迩瞻龙象者知尊精舍非遥听鼓钟者易肃兹弘慈广济寺夙称名刹旧住高僧梵宇庄严峙凤城之兑位呗音宣朗接紫陌之西隅古木垂荫于阶除皓鹤闻经于戺户境幽尘隔如

在山林心远地偏焉知阛阓莲花幢内常明日月之灯柏子香中深入旃檀之海六时禅诵铎铃响彻丹霄四海缁流钵锡云依法界藏经阁敞珠联贝叶之文说戒坛高石点雨花之偈是以驻跸常临于净地挥毫特贲于禅扉眷此幽恬赏其清旷僧湛祐心通释典志励虔修葺陈构而维新率群衲以遵礼住持僧然丛克襄厥事庭宇秩然盖其教以利益群生为本其事以修持戒律为归朕嘉其同善之心挹彼广慈之意俯俞敦请爰锡斯文振宝筏之宗风弘金绳之觉路用垂贞石以示来兹

康熙三十八年四月初八日皇三子多罗诚郡王臣胤祉奉敕书

（附录）允祉墓碑

多罗诚隐郡王碑文

朕惟朝廷锡类之仁推恩自近国家展亲之典追礼靡遗所以劝宗支昭志事也多罗诚郡王允祉系贵星潢位居藩服当内殿趋庭之日久预编摩荷圣祖垂训之词率多警诫逮我先皇继绪笃友爱而诲谕维殷冀其末路思愆知悔悟而恩荣可畀锡爵则仍予宗藩饰终则俾从王礼今朕纂承之始仰体皇考之仁爰核行以易名更摛词而纪实丝纶式贲琬琰为昭于戏爵命既被于生前龙章丕焕恤录聿彰于身后马鬣长垂用示后人钦兹宠渥不亦休欤

乾隆三年六月初六日

56. 诚亲王胤祉奉敕书丫髻山行宫碑

（漫漶严重，难以辨认）

57. 多罗贝勒永鋆墓碑

多罗贝勒永鋆碑文

支分椒衍遽韬瑶牒之辉班亚桐封宜贲琼筵之典效赞襄而奉职绩懋彤廷念恭恪以颁纶恩垂朱邸尔多罗贝勒永鋆秀毓仙源荣叨崇秩总司禁旅肃武备以宣勤兼掌宗庠饬朝章而辅化方冀年华锡庆恩眷长承何期夜壑兴悲音容忽杳于戏忆金枝之禀教早稽属籍而称尊顾玉水以怀贤每惜期颐之未享用摅轸悼尔尚未歆锡类惟仁帝室隆展亲之谊推恩自近天家重褒恤之文荷册府之崇封显荣聿备值雕筵之初锡恻怆弥深尔多罗贝勒永鋆派衍银潢支分瑶牒叠奉山陵之使恪谨无愆兼司禁卫之军靖共匪懈教分胄子趋班夙著其勤劳职统宗人率属懋昭其分慎方谓象贤久赖何期驹隙俄迁念旧增欷饰终宜厚于戏九重贲宠载昭纶綍之辉卌载宣猷用报馨香之德庶几灵爽歆此苾芬

道光辛巳年壬辰月丁卯日

58. 奉恩将军奕榕德政碑

（碑阳）

恭颂钦命镇守吉林将军宗室奕老恩宪德政

恩垂百代

大清光绪五年岁次屠维阐阏七月穀旦双城堡福兴同六旗丁等敬谨公立

（碑阴）

盖闻非常之事必待非常之人而非常之人方有非常之功如前宪宗室奕老将军今时旗丁赵姓福

兴非所谓非常之事功乎缅逆竖之初过遂城墙面永修无论贫富老幼器食自备那管露宿风餐苦寒谁堪连百二屯达之名赴省哀恳顾双城官员之面奏准免修福兴义重非为一己将军恩深实怜双城微福兴不能成将军之德微将军岂能遂福兴之功斯福兴之心日月□高将军之量乾坤两大故六旗屯丁三千民界住户若干喜墙役之永免乐农时之非违又恐胜事久而就荒石立碑庙木修牌坊嘱做文序欲垂绵长愧于学之有限兮羡彼善之无疆恨片石甚短兮难述放勋之盛昌略为梗概兮承志不忘

承办人赵福兴　　撰书人阎邦清　　帮办人阎盛德　关恒　王允诚　郭永春　　石工人孙兰序　宋桂　　木工人阎培英　刘永兴　傅常财

59. 奉恩将军绵洵等捐资重建玉皇庙碑

（碑文与奉恩将军哈格等捐资重建玉皇庙题名碑相同）

60. 奉恩将军绵瀞等断明辛发案状记碑

（碑阳）

盖闻德者福之本福者德之积修德获福理固然也兹者什哈寨朝阳寺古刹也寺院僧舍创经会首历有年矣乃于乾隆年间有青峰山观音寺落发僧普仁游方至寺众会首怜其佛门弟子不忍遐弃暂司香火时遇修功勒名于碑嗣后不守清规致令会首逐出庙外又招僧通太收徒二人僧沠溯传曹宗法名已注僧册至咸丰式年有僧人辛发系普仁之徒孙故犯重情经讯断两次勒令远游无资烦人立字向寺僧以求助帮伊市钱数足三百于四年间忽起恶念见残碑有伊师祖之法名借此兴心砸毁碑碣意欲吞伯谋诈不轨呈控在案是以众会首愤辛发之怙恶不悛悯沙宽之孤掌难鸣差遣数人伏辕呈诉蒙宪尉州尊会讯断明勒令刺左眉不准为僧甘结口供现存襄平大府既已载诸案牍本寺何妨刻于碑碣非谓得志以传后世云尔

城守尉正堂加录纪次宗绵瀞　署辽阳州知州事正堂加三级纪录五次刘景醇会讯断明

众来人陈俊　王永发　高永善　　撰书人齐辅清　张琳　　住持僧沙亮　沙宽　　徒弟　举广　举智

大清咸丰伍年四月拾捌日吉立

（碑阴略）

61. 忠敬诚直勤慎廉明和硕怡贤亲王允祥神道碑

忠敬诚直勤慎廉明和硕怡贤亲王神道碑

62. 敕赐白家疃贤王允祥祠祭田碑

敕赐白家疃贤王祠祭田碑记

岁在庚戌之五月

和硕怡贤亲王薨西山白家疃乡民张明等感念遗恩呈请建祠□□内大臣内务府总管户部左侍郎臣海望□□代□□□并出内帑勅臣望营建毋烦民力复念岁时伏腊乡民备物□□未免□□者今□村庄□□□□□祭祀香火之资并使良民得沾余□□其事于大学士兼吏部尚书一等公臣马尔赛大学士兼吏部户部尚书臣张廷玉大学士兼户部尚书臣蒋廷锡□□臣上言皇帝虑周草野念切穷□不□□□

而□如日也乃乡民俱系佃种旗地□□□□□□□□□□□□□□□□查得白家疃附近有在□□□□□□□十八亩若以赐建祠之民□其世世□业□□□□□□□□□□□□□□□皇恩则俎豆垂千秋盈宁遍百室矣臣马尔赛臣张廷玉臣蒋廷锡闻奉旨报可旋命臣望将地亩分数令宛平县昌平州造报清册按其等则配村庄之□□□□□□□□□□□白家疃大村务□□□□□□□□□择一老成司其事计地一亩每季输办祭银一钱一分祭之先数日按□□集会□□□□□□□□□□□□□□□□□□事义不欲数不欲疎也若忌辰荐新欲展孝享者不在□典至于祭品祭器□□□□典□酌□□□□□□□□实有常品可以行诸久远而罔替是举也仰昭皇上之仁恩式炳贤王之祀典而于奉祀乡民亦见其襄事诚而食德远也谨将地亩分数□造清册以便□□□□□□□□□□□□赐田始末并致祭仪式具勒于石

内大臣内务府总管户部左侍郎臣海望恭记　日讲官起居注翰林院侍读学士仍兼内阁侍读臣觉罗吴拜谨书

雍正十年岁在壬子孟秋之月吉日立

（附录1）允祥墓碑

怡贤亲王允祥墓碑碑文

朕惟国家启昌隆之运则诞降名臣祖宗钟福庆之贻则笃生贤胄粤若师师虞代稷弃为帝室之英济济周朝旦奭是姬宗之彦莫不纪诸谟典颂以歌声前迹可稽遗编具在如朕弟怡贤亲王则于古有光者也王秉乾坤之清淑萃山岳之精华爰自幼年早征至行禁庭教诲循礼度以持躬内殿承欢笃孝思于绕膝实超出于同气久默识于中怀是以缵绍之初慎选亲贤之寄特加恩命晋授王封正在谅阴俾膺总理当良奸之杂处以镇静服群情遇纲纪之待厘以精明襄万务诚劳既著眷倚逾殷综中外之徐讦谋司兵农之大计而王恪勤匪懈兢励弥深体朕心为己心视国事如家事详核度支之积窦库藏充盈清飍吴越之浮粮闾阎康阜兴田工于畿内粳稻连畴筹水利于江南河渠顺轨至若边形指掌了大事于川原武略在胸赞成谋于帏幄壮戎容于雁碛组练鲜明裕军实于龙沙骅骝腾跃苍黔恬乐罔闻征发之颁朝省安闲莫见运筹之迹是其潜思默算备竭精诚故能应变投机不形声色久矣扶持正直公道于以昭彰荐达猷为人材由兹奋起度惟谦挹同事务协于和衷量本宽宏曹官胥归于涵茹领周庐之环卫训练维勤定宫府之规模施为悉当凡关于民生吏治知无不言曾经其熟计深图行皆有效祇慎而不宣于众退让而恐居其名皆中禁之密陈岂外廷之能晓心迹则青天白日衾影无惭节操则莹玉清水垢尘不染研几穷理得圣经贤传之清微辅世宁民具帝佐王臣之蕴负道光竹帛恢平章调燮之勋瑞叶星云树喜起明良之范朕实赖王治安寰宇王实为朕翊赞生平既历八年有如一日斯乃上天降佑列祖垂庥赉良弼十本支作盛时之栋梁于皇考为孝子于朕躬为纯臣自昔罕闻在今幸觏慧慈之性宜其克享遐年岂弟之恩足以迓承繁祉人情胥愿天数难齐讵尽瘁以忘躯遂抱疴之缠体祷神祇而靡应商医药而弗疗王忠爱之忱始终一致沉绵之候迁避而弗敢上闻危笃之期溘逝而虑伤永诀朕将临视王已飙升望幻影于云中灵奇示象蜕色身于尘界慧觉超凡生有由来理当可信王幽明感德远近归仁锡命每申则日睛紫陌祖筵方彻则风蔼青陌虔叩穗帷动举朝之痛忆兢随素绋溢长路之悲号尝赐标题略传梗概忠敬而兼之诚直勤慎而益以廉明礼重易名约一言而该美善义隆加谥冠八字以示宠褒朕亲奠郊垧频纡车驾时陈牲醴每遣臣僚敦俭素之风茔兆本由于自择议推崇之典经费优给于官供吉宅既安丰碑宜勒于戏念股肱之谊重雕刻金镛眷手足之情深铺扬玉牒功高德茂享亘古之鸿声生荣死哀备生人之全福将使斯文炳焕偕星曜以流辉贞石嵯峨与峰峦而永峙

（附录2）和硕怡贤亲王允祥祠碑

白家疃和硕怡贤亲王祠碑记

□□（祀祭）法曰有功德与民则祀之夫□（苟）勋猷建于当时德业垂于后世则庙食百代□其宜矣矧我□（赞）伟业于升平佐殊勋于明盛懿德令闻照耀无穷尤其感人深而久人切者□城西有村白家疃去神京咫尺沐浴□□□天子德化涵濡沦浃故其风土民物有熙熙皞皞之象王尝因田猎往来于此吉其地迥民闲泉甘木茂于是诛茅筑馆置为□□（别苑）□以为憩息之所休沐余暇与山氓野老话农桑课耕织盖亦不忘稼穑艰难□意也王以□室懿亲日侍□座仰体□宵旰勤劳举凡宽逋赋豁浮粮整饬盐漕诸大政从容密勿秉诚赞勷以弼成和仁之治天下阴受其赐然寰海以内家讴户祝□（引）领□□企踵思望见颜色而不得独白家疃近在郊垧常得邀王之休暇亲其色笑□其风徽仰何幸欤夫顾复于生前自切瞻□□□后民之欲祠而祀之也宜哉先是王方寝疾皇上眷念贤劳友爱弥至□（谓）王宜清心静摄白家疃别业或室宇久踈致垂燥湿敕内务府营造鸠工庀材方事缮葺乃工土未毕而王已骑箕逝矣至是乡民张□三百余人哀思诚切吁请王庄改建祠□□兹土人民得岁时瞻拜以抒依慕之忱臣海望上其事□□报可又谕祠工费□不可妄劳民力□□发内帑营建命营造监督臣江都董其后遂即白家疃王庄改作王祠中为正殿后为享殿享殿奉王牌位正殿供大悲□□以王生存慈爱同兹佛力从民志也其前为□门东西为值房又为配殿□缭以周廊以通享殿殿之左右为寝殿庖井□□□厩居右总计瓦房四十八楹其土木瓦石金碧丹雘暨工匠傭值无筭悉系□官帑支给丝毫不役民力经始于雍正八年八月□成于雍正十年六月名曰贤亲王祠是役也我皇上展亲爱民之心崇德报功之典一举咸备既周且渥□（怡）贤王□代之鸿勋千秋之茂德借以永垂不朽矣臣既欣瞻王之遗泽在人愈久愈光而又幸预营□之□□□□□事□□□□陋谨为之记

内大臣内务府总管户部左侍郎臣海望恭记

日讲官起居注翰林院侍读学士仍兼内阁侍读臣觉罗吴拜谨书

63. 敕赐白家疃贤王允祥祠祭田清册碑

（漫漶严重，难以辨认）

64. 多罗恂勤郡王允禵墓碑

多罗恂郡王碑文

朕惟建树亲贤敦本重屏藩之寄阐扬行业省躬留琬琰之辉显荣洊被于生前懿孅式昭于身后恩至重典至隆也朕叔多罗恂郡王玉牒崇班银潢近属励嘉修于晚节重光带砺之封延庆绪于方来用笃本支之谊兹闻溘逝深切轸伤既展礼以抒情更易名而旌行综其梗概定谥曰勤于戏眷念宗盟感益深于存殁永绥福祉恩不间于幽明荷此新纶昭兹贞石

乾隆二十年七月初八日

65. 多罗贝勒弘明墓碑

多罗贝勒弘明碑文

朕惟惇叙懋盛朝之化永以河山饰终昭彝典之隆勒诸琬琰矧在宗盟之列实惟群从之亲生冥析

高爵于屏藩殁则表纶言于宅兆聿循茂制用示眷怀尔多罗贝勒弘明派自天潢饫承渥泽系懿亲于仁祖近衍金枝考属籍于宗人行分玉牒朕在纂承之始念笃亲亲汝膺显爵之封赏延世世试之以事克殚尔劳曾掌旅于八旗用备员于三院儋圭纡组荷卅载之隆恩华邸朱轮跻六旬之绵算韦方敦于湛露薤遽唏于朝阳爰赐醊之再颁俾易名于壹惠被以恭勤之谥庶几令誉之宜呜呼封马鬣之松楸新阡始建贲龙章之日月贞石长存期幽壤之有知沐鸿施于罔替

乾隆三十二年二月二十四日

66. 和硕果毅亲王允礼墓碑

和硕果毅亲王碑文

朕惟谊切展亲笃宗盟而作辅礼崇褒德恤成绩以酬庸其有莅职精明抒尽忱于丹陛居心直亮著雅荃于银潢生则任倚屏藩殁则芳德琬琰所以敦一本励群僚也朕叔果亲王持躬耿分律己刚方昔皇考同气深情贲恩荣之优渥维王则实心任事综内外以宣劳迨朕躬之缵承俾职司乎总理质原羸弱犹勿懈于精勤性本严凝每不辞乎嫌怨顾念沉疴久抱时加存问之频仍岂意夙疢难痊，遂致濒危之屡告将慰安于私第适肃事于斋坛用遣亲藩往为问疾初闻小癒得静摄于林泉遽觏薨殂特临丧于邸舍命大臣而经纪家政备举彝章简幼弟以嗣袭宗藩仰承先志既永安于吉壤更长峙乎丰碑于戏简册垂芳缅想金柯之范鼎钟纪烈弥昭玉牒之辉贲及松楸光于泉遂不亦休欤

乾隆三年九月二十二日

67. 和硕果毅亲王允礼书御制重修拈花寺碑

御制重修拈花寺碑

昔我世祖章皇帝万几余暇留神内典其时法门龙像受知最深者曰王琳琇国师尝欲令其徒箬溪森主席京师宣扬道法眷顾之意至淳朕阅王琳箬溪语录叹其高风卓识超冠丛林因为颁谕表章追封赐祭以仰承世祖皇帝优崇正梵子至意既又念直省刹寺碁布开堂秉拂者日众而禅宗愈衰是以再三诰诫俾各勤求本分直透向上一关仍择宗门法侣真正知正见者为之表率倡导焉京师内城西北隅有护国报恩千佛寺者创自前明历百有六十载琳宫颓敝钟鼓寂寥爰命重加修整经始于雍正十一年正月本年九月告成梵宗禅宇焕俨辉煌堪为大众重修参学之所因择琇国师下法嗣名超善者命主方丈赐寺额曰拈花揭之山门粤自世尊以正法眼藏涅槃妙心实相无相微妙法门嘱付摩诃迦叶迨香至来兹震旦提倡宗乘为不立文字教外之别传迄今数千年灵山一会俨然未散鬘陀优钵徧满寰区日月星辰山河大地人民六畜城郭寺廛有情无情即色非色处处是拈花道场法会刻刻是拈花时节因缘物物是如来手中之花尘尘刹刹有调御文天之天师宛尔拈出但须本分衲僧瞥然荐求取便续从上以来诸祖心燈如或未能则参须真参悟须实悟三藏十二分千七百则公案不出此二字中有大海潮音噌吰訇訇震诸人耳根字中有大摩尼珠晃朗照耀夺诸人眼识盖执指忘月便是二铁围山见月忘指便是曹溪一滴也居此寺者尚其证琇国师之所证人此大圆觉海步步踏得正修行处不负世尊当日拈花示众与世祖皇帝护持佛法深恩以为直省刹寺倡朕有厚□（主）焉

和硕果亲王臣允礼奉敕敬书

雍正十二年四月初四日

68. 和硕果毅亲王允礼赐徐子茂诗碑

远上寒山石径斜白云深处有人家停车坐爱枫林晚霜叶红过二月花

赐西安抚标左营中军守备徐子茂　　果亲王书　（印章）

雍正十三年四月初一

69. 和硕果毅亲王允礼西安望太白积雪诗碑

山外山容淡莫分天中佳气接絪缊峰头自积千年雪宇内恒瞻五色云　望太白积雪（印章）

70. 和硕果毅亲王允礼西安骊山温泉诗碑

西陲来奉使经此古温泉沸讶阳冰涣潜疑阴火然溅波千点雪澈底一泓天可纤埃净能教积滞捐神切元一气灵迹俨双仙荡涤洪垆翕沧涵银汉连虚无木素女仿佛遇丁芊风佩摇声细云鬟照影妍鸿蒙浮玉海潋滟泛珠渊下上华清月东西绣岭烟宝箴张道济绮语杜樊川宫怜初唐建名垂正观年

骊山温泉作（印章）

71. 和硕果毅亲王允礼西安即景诗碑（一）

河津华堑互回环风土车中见一斑百二重关朝北极亿千万历寿南山金城雄丽豳岐古绣壤膏腴鄠杜闲须识清时敦富教周京钟鼓遍人寰　西安作（印章）

72. 和硕果毅亲王允礼西安即景诗碑（二）

合沓秦山拥节旄关河兴胜缅神皋渭流晓映黄陂静岳翠寒凝紫阁高犹喜西京分雨露却看华阙翳蓁蒿唐碑汉碣多遗迹暂驻星轺试彩毫　西安作（印章）

73. 和硕和勤亲王永璧墓碑

和硕和勤亲王碑文

朕惟玉牒分辉情莫隆于敦本金枝掩采礼尤备于饰终眷茅土之方新列爵维崇屏翰悯芝兰之早谢贞珉式焕丝纶爰举彝章用光兆域惟王赋资明敏禀气冲和礼法能娴树声华于绮岁趋跄有度供宿卫于直庐洎乎晋秩亲藩兼司旗务恪恭应矩承家法以无违醇谨流禔擅宗英而著美行年方壮荷笃疾之难瘳凶问忽传每怆怀而莫释雕筵叠荐已申谕祭之仪翠碣常昭载举易名之典题碑有制锡谥曰勤呜呼瞻画翣以临风悲深犹子表松阡而勒石休示方来式慰尔灵永垂勿替

乾隆三十七年四月

74. 多罗果恭郡王弘瞻墓碑

多罗果恭郡王碑文

朕惟亲惟同气膺显爵于屏藩谊本因心写悲悰于琬琰故哀荣之备至倍笃孔怀乃恩礼之始终弥昭渥泽诃镌贞碣光贲重泉尔多罗果恭郡王弘瞻庆洽星潢祥钟天胄兰芽茁秀仰承皇考之慈桐叶疏

封命继贤王之后洎朕躬之嗣极尤恩眷之加隆齿仪垂髫勤居中之抚视年当就傅课授读之诗书望以亲贤而加之敦勖鞠从幼弱以逮于成人虽邸第之出居犹宫廷之时接问安椒卮子职恒随赐宴柏梁懿亲最近亦尝试之宫府练其从政之才屡俾扈以省巡预在属车之列凡朕心之肫挚冀王志之钦承至偶蹈于愆尤上违慈训犹曲全夫恩谊少降崇封岂惟示以优容实用施之策励乃者嘉惠南国稽古省方当王仗之初移尚金门之拜送忽传属疾远奏邮章即上请于安舆特晋有加之秩幸遥聆夫温綍庶祈勿药之瘳荆枝遽折于春风薤叶易晞于朝露驿来哀讣情深介弟之悲宠畀隆仪礼重亲王之例陈雕筵而载荐考彝典以易名眷厥新茔表之贞石乌呼三十载抚从兰掖帐雁序之中分百千年闷此松阡焕螭趺而生色宣慈轸悼慰汝幽潜

乾隆三十年四月二十七日

75. 成哲亲王永瑆题岳鄂王墓碑

题岳鄂王墓

桃溪厅事题名后早誓此心天地知帝后终身犹道服狱人一夕到丛祠死生在世谁无此忠孝如公已不亏魂魄那能安庙祀徽钦千古绝还期

乾隆甲辰三月皇十一子

76. 成哲亲王永瑆书裕陵碑

大清裕陵圣德神功碑

洪惟我皇考高宗纯皇帝体乾知临巍焕铄人耳目深仁厚泽浃民心于亿万年予小子曷敢规天极摹曒轮然而亲炙提命哀慕罔极有切于臣民所见闻者不辞挂漏敬用阐宥密揭纲条以昭信于奕祀叙曰高宗法天隆运至诚先觉体元立极敷文奋武考慈神圣纯皇帝世宗敬天昌运建中表正文武英明宽仁信毅大孝至诚宪皇帝之四子也母崇庆慈宣康惠敦和裕寿纯禧恭懿安祺宁豫孝圣宪皇后于康熙辛卯八月十三日诞育圣躬生而神灵年十二随世宗初侍圣祖宴于牡丹台一见异之曰是福过于午厥秋扈驾避暑山庄暨木兰行围躬承恩眷详见圣制纪恩堂记于是灼然有太主贻孙之鉴而燕翼之志益定年二十有五继嗣大宝初政日新天下咸诵尧舜复出善继善述一念敬勤亘六十三年不息倍乾体天合一郊庙必亲庶徵克念曰雨曰踢唯动丕应乾隆二十三年夏旱为文以雩曰呜呼其惠雨乎步至坛所读祝未竟晨霞矗霄霖雨立沛自是有愿必孚故自号日信天主人惟祖考启佑陟降在庭每晨恭读五朝实录追远笃亲觐扬先烈四诣盛京岁时上诸陵发声必哀盖终身孺慕孝乎惟孝也事孝圣皇后四十二年晨昏问侍扶掖安辇极尊养之隆祝□让善至于终身以古稀天子致戚尽礼有加于儒行纯乎纯孝也推仁锡类莫先亲亲则有念功继绝继开国睿亲王豫亲王等封普锡宗室四品顶戴尊贤重道则有怀旧三先生之咏乾纲独握刑赏予夺信若四时迅若雷霆平若衡斗去已甚而不为已甚躬勤万机批答章奏不爽晷刻万里之处若镜照而的贯六巡江浙楗石塘以捍海濬陶庄以奠河五诣阙里以及岱嵩五台省方观民行庆施惠所至咸悦岁乙丑庚寅丁酉庚戌乙卯五蠲天下正供丙戌己亥普免漕粮又全豁积逋者一水旱偏祲朝报夕发赈济复缓之诏岁不绝书赐帑金不啻钜亿亿万不以逆亿稍屯其膏所以重民天固邦本活贫惸之黎庶如沙如尘不可纪数此则至仁善政天信民顺培元气于无垠万世子孙所当法守者也天纵多能执经心阐史要石鼓石经之碣四库七阁之□御制诗五集文三集之外又成余集乾包坤负日光海涌浩浩乎其无尽藏也建辟雍宴千叟

举鸿博经学之儒开乡会文武恩科者十四存闰位以公大统谥忠义而别贰臣盖敷文教者祎矣（以下略）

77. 成哲亲王永瑆奉旨摹勒折碑

成亲王书

诒晋斋　成亲王（印章）

嘉庆九年岁次甲子八月奉旨摹勒上石

奏为恭谢天恩事本月初七日军机大臣传旨令臣将平日所写字迹自行选择刻石臣闻命之下感激欢忭窃念六书之法岂比六事涓埃何期一艺之微犹蒙一人之眷注臣扈驾回京之后即遵旨办理觅工摹刻约计明春恭呈御览再臣有书斋号为诒晋曾见于恩赐御制诗中刻成即以为卷名并此奏闻所有臣感忭下忱理合具奏折恭谢天恩谨奏

78. 成哲亲王永瑆书吕洞宾撰群仙高会赋碑

群仙高会赋　洞宾撰

甲子之春三月八日洞宾与海上诸仙复叙于山岛之舍天朗气清惠风和畅座开云母之屏炉爇金猊之篆蔬果交罗馨香毕荐洞宾悦之于是与诸仙举海螺之杯酌洪梁之醖歌白苎之词赋黄粱之曲觥筹相错赓和竞逐吹洞箫击渔鼓敲檀板舞纂簁彩袖翩而云翻羽扇挥而月舞玉山未颓冰壶不竭虽琼府丹宫瑶台玉阙亦何异于今宵之宴也既而夕阳西坠新月半吐楚岫云低晚江烟锁而群仙至此兴复不浅高秉银烛再歌再咏庆千载之奇逢叙人间之乐事胜会非常佳期难再自钟离老师以至列班仙友无不欢欣交畅也且吾侪得长生之术于蓬莱寄飞仙之迹于海岛与麋鹿而相游对风月以为侣采洞口之丹芝煮松间之白石拔毛洗髓导饮服食名山异岛无不遍及天上人间顷刻而集或秦汉之英豪或风尘之逸客道骨仙风清姿芳格固不知有人间之乐也而今皆明标丹箓位列飞仙岂偶然哉今吾与诸仙相遇于仁寿之室盖亦夙分时夜方半万籁无声闻有白鹤飞鸣于九皋之表翱翔于云汉之间四顾而下端集庭阶余熟视之思欲归洞群仙亦相推而起于是联列洞乘羽轮指归涂而共适泝（溯）杳霭于祥云余乃为赋之以记其事

嘉庆丁卯六月　皇十一子　成亲王（印章）

79. 成哲亲王永瑆书归去来辞碑

归去来辞

归去来兮田园将芜胡不归既自以心为形役奚惆怅而独悲悟已往之不谏知来者之可追实迷途其未远觉今是而昨非舟遥遥以轻飏风飘飘而吹衣问征夫以前路恨晨光之熹微乃瞻衡宇载欣载奔僮仆欢迎稚子候门三径就荒松菊犹存携幼入室有酒盈樽引壶觞以自酌眄庭柯以怡颜倚南窗以寄傲审容膝之易安园日涉以成趣门虽设而常关策扶老以流憩时矫首而遐观云无心以出岫鸟倦飞而知还景翳翳以将入抚孤松而盘桓归去来兮请息交以绝游世与我而相遗复驾言兮焉求悦亲戚之情话乐琴书以消忧农人告余以春及将有事于西畴或命巾车或棹孤舟既窈窕以寻壑亦崎岖而经丘木欣欣以向荣泉涓涓而始流善万物之得时感吾生之行休已矣乎寓形宇内复几时曷不委心任去留胡为遑遑欲何之富贵非吾愿帝乡不可期怀良辰以孤往或植杖而耘耔登东皋以舒啸临清流而赋诗聊

乘化以归尽乐夫天命复奚疑

成亲王书（印章）

壬戌之秋予余旧纸得成邸是书心窃宝之思寿诸石而连年驿路皇轺未遑及也兹驻维扬爰付匠氏趴公同好时嘉庆十有一年岁次丙寅夏四月既望巡盐使者额勒布记

（附录）成哲亲王永瑆墓碑碑文

朕闻立敬惟长推恩隆笃近之文式礼莫愆贲宠示饰终之典缅亲贤于麟趾茂矩攸彰扬耆硕之鸿声贞珉载泐惟王乃皇祖高宗纯皇帝十一子朕之伯也宅衷醰粹秉性端和依凤陛以承欢入虎闱而勤学瑶编锦轴研覃四库之藏彤矢雕弓扈从三秋之狝早蒙挚爱备沐稠施洎乎皇考仁宗睿皇帝缵膺大统眷念同怀直禁廷而密勿赞襄管农部而度支综核表人师之模范望重金阶总族属之簪缨莅修玉牒鱼钤令肃辖旗翼以饬戎行鹤籞风清掌羽林而严宿卫凡立朝之匪懈皆奉职之滋恭又况心画最精手书特擅垂露契濡毫之妙临池征运腕之工数仞穹碑摅圣德神功而敬写双钩善本集台衡卿贰以分颁诚黼扆所荣褒亦艺林所共仰肆予丕基寅绍锡类本支免叩拜之常仪沛注存之异数方谓康疆可卜洊致期颐岂知沦谢俄闻实深悲悼彝章爰考奠醊频申眷桂邸以再临指松阡而增怆谥之曰哲肖厥通明於戏尚有典型穆属播圭章之誉昭兹来许宗盟延带砺之祥耀崇封而马鬣生辉沾优赉而龙纶焕采树之丰碣诒尔后昆

80. 成哲亲王永瑆临赵孟頫书碑

（略）

81. 成哲亲王永瑆题写碑

东坡谓学韩退之不至为皇甫湜学湜不至为朱新仲孙樵曰神乃过湜如书何易于褒城驿辟田将军边事复佛寺奏皆谨严得法有补治道

成亲王（印章）

82. 成哲亲王永瑆楷书韩愈《进学解》碑

国子先生晨入太学招诸生立馆下诲之曰业精于勤荒于嬉行成于思毁于随方今圣贤相逢治具毕张拔去凶邪登崇畯良占小者率以录名一艺者无不庸爬罗剔抉刮垢磨光盖有幸而获选孰云多而不扬诸生业患不能精无患有司不明行患不能成勿患有司之不公言未既有笑于列者曰先生欺余哉弟子事先生于兹有年矣先生口不绝吟于六艺之文手不停披于百家之编记事者必提……然而公不见信于人私不见助于友跋前后踬动辄得咎暂为御史遂窜南夷三年博士冗不见治命与仇谋取败几时冬暖而儿号寒年丰而妻啼饥头童齿豁竟死何裨不知虑此而反教人为先生曰吁子前来夫大木为宊细木为桷欂栌侏儒椳……所谓诘匠氏之不以杙为楹而訾医师以昌阳引年欲进其豨苓也

成亲王书（印章）

83. 成哲亲王永瑆题写石庵相国雅鉴碑

□□来得所画书承竹甚缟所之知感感香□即不可得旦当置之

石庵相国雅鉴　成亲王　皇十一子（钤印）

84. 重修庆僖亲王永璘墓碑

（碑阳）

大清国朝乾隆皇帝十七子庆禧亲王爱新觉罗永璘墓碑

（碑阴）

五世孙爱新觉罗溥铮　夫人张佳氏月桂　子爱新觉罗毓宗　女爱新觉罗毓宇

二零一零年十月敬立

85. 庆僖亲王永璘岳武穆墓题诗碑

下马来寻武穆坟萋萋春草共斜醺仓皇北狩归何日缱绻有枝旧拂云德寿宫中但书画金陀编里漫功勋须知李相歌苏武曾问当年汴宋闻

题岳武穆墓

乾隆甲辰三月皇十七子

86. 重修和硕庆密亲王奕劻墓碑

大清国朝庆密亲王爱新觉罗奕劻之墓

世孙爱新觉罗溥铮敬立　二零一零年十月

（附录）庆密亲王奕劻墓碑碑文

朕惟恩隆锡爵金枝昭永祀之封礼重饰终翠碣表易名之典缅前勋而迪哲屏翰攸崇伤永逝以摛文哀荣告备尔和硕庆亲王奕劻瑞牒分辉瑶源毓秀荷先朝之眷顾膺峻爵之崇颁露湛丹霄□□属宗盟之长风清紫禁鹓行领内殿之班枢省宣机矢寅清而襄□台衡匡治殚擘画之勤劳偶因疾疢之频婴长此退归而静摄方谓林泉自适□□遐龄何期簪绂长□遽陈遗表爰谥曰密聿肖生平于戏麟定兴歌画省忆宗藩之度螭文不朽丹□扬册府之光式此丰碑永哉勿替

宣统九年三月

87. 定亲王绵德泰山恭瞻诗碑

一天山麓门名苍翠接南天山顶门名足下云生百尺颠四壁玲珑□怪石几湾清澈泻流泉长松犹记秦封在□□有五□□天松古柏遥闻漠代传昕夕阴□□变态崇朝徧雨信诚然

壬辰季夏奉□□来至泰安恭瞻　□□□一律　定亲王（印章）

88. 定亲王奕绍作并书诗碑

道光壬辰季夏月书赠濬川大练师

时同野鹤看桃去

朝礼名山意至虔羽衣导引进南天山顶门名烟云缭绕神仙宅花雨缤纷道德篇自与苍松同老健不求丹药契真诠相逢直似曾相识握手殷勤证宿缘

题雨花道院赠濬川大练师　道光壬辰季夏月书赠　定亲王（印章）

千里遥来老炼师殷勤握手慰遐思东风恰送青鸾驭西苑重逢白鹤姿代致虔诚经默诵师曾为诵经一月代致丹忱惟祈丰裕岁咸宜小园尽可容倦侣于含芳园款留数日且缩行旌数日迟　道光癸巳季春　濬川炼师来京见访喜而有作　定亲王（印章）

云鹤翩翩踏软尘不辞千里肯来宾重游竟践三年约癸巳练师动旋时曾有乙未从来之约相见欣逢六秩辰洒扫亭台留法驭康疆耆老即仙人世间亦有蟠桃会无事谈元自率真　道光乙未仲夏上浣　濬川炼师重来见访喜而有作　定亲王（印章）

款留晨夕语从容斋馔园蔬不腆供海屋添筹欣止鹤山林返旆羡犹龙停云暂启临漪榭观日曾登绝顶峰分手长途天气热会看凉雨护仙踪　道光乙未仲夏中浣　濬川炼师还山　定亲王（印章）

或领山猿采药回　定亲王（印章）

89. 多罗瑞敏郡王奕志墓碑

朕惟崇封袭庆介圭分若木之华懿典饰终贞石壮长楸之色溯麟祥于公族谊笃本支彰燕誉于宗英恩流来祀尔多罗瑞敏郡王奕志冲和秉质恪慎持躬爰自髫龄庇蕃时廑于皇考聿光令绪分茅遂逮乎懿亲服勤将倚其成劳至乐莫逾于为善年当就傅命授读于虎闱学以成材喜勤披于蠹简涉猎文章之囿楚国娴诗翱翔翰墨之园河间好礼旋邀宠任直禁掖以枢趋分掌宗盟作近支之表率朕寅承宝命正在亮阴申爰金枝俾司仪节方谓五宗渥眷桂邸常开何期数月沉疴桐珪忽陨览遗章而轸痛曾奠醊之亲临营兆方新易名举典缅缁帷之蛾术十载研精勒翠碣以鸿文一言纪实谓之曰敏象厥生平于戏世德作求嘉称克副永怀飏谱表屏藩列爵之荣式焕松阡示纶綍衔恩之宠昭兹来许饮哉训词

咸丰元年　月　日

90. 和硕恭忠亲王奕䜣撰书题跋碑

（碑阳）

余昔年尊藏成庙御笔画菊扇面画兰横幅两件商同朴庵弟摹勒上石俾至宝可永远流传于世庶稍展子臣昆季敬存手泽之愚忱至集句专用唐太宗之诗不杂以文人词客亦取夫贞观之治功德兼隆开有唐三百年风雅之基未有盛于斯者只以题不再见字避重复为集律题材故对语未能悉就工稳是诗也作纪事观者可也作赓飏圣藻观可也诗云乎哉谨识数语以伸孺慕菊岸初含蕊圆花飞碎黄良辰追逸趣淑景媚兰场向日分千笑和风扇八荒韶光开令序献节启新芳

光绪己丑年季春　子臣奕䜣敬集　皇六子、恭亲王（印章）

91. 和硕恭忠亲王奕䜣撰并书重修万寿寺戒坛记碑

神京巨□为桑乾河渡河西南数十里云山重叠罗睺岭东西环抱中豁然开朗□宇轩赫者戒坛也戒坛寺名为万寿在唐时额曰慧聚至明始以万寿字□之因常年开立戒坛故率呼戒坛云我圣祖仁皇帝辇□时巡深为赞赏且虑民嗜煤利凿山损石或及庙基爰于康熙二十四年有厘定四止力禁侵虏之旨敕勒诸贞珉以□久远遐哉焕乎洵名山之护符禅门之宝诰也予偶游览至此何胜钦□因其罗汉堂千佛阁等处或患剥落或将倾圮捐资修建之其地有俗□北宫者亦复其崇隆之旧额以慧聚堂取存李唐遗意也惟是地大物□中怀歉歉所期善信人等于金经所谓初日分以恒河沙等身布施中□分复以

恒河沙等身布施后日分亦以恒河沙等身布施如是无量百□万亿劫以身布施如是如是则禅宗丕振于无穷我佛亦拈花微笑也□住持僧妙性其拜手合南矣乎是为记

大清光绪十七年　皇六子和硕恭亲王奕䜣敬撰并书（印章）

92. 和硕恭忠亲王奕䜣题写卧龙松碑

卧龙松

93. 和硕恭忠亲王奕䜣石牌坊

（坊额）履祥锡祜

（右柱）兰砌常饶和顺气　道光廿八年出居阿哥所时蒙御书联额以赐吉祥富丽至今感泐不敢忘现构佳城敬录刻墓

（左柱）芝楣永护吉祥云　门用光带砺翘首慕陵孺子之慕固不能自已尔

（附录）奕䜣墓碑碑文

朕惟河山共奠既传带砺于屏藩日月争光应焕丝纶于金石综卅余年之功绩瑶牒增辉树千百世之仪型丹珉绚采朕叔和硕恭忠亲王天赋灵明久襄密勿靖共尔位历荷先朝眷顾之恩懿训钦承弼成圣世中兴之烈迨至朕躬之匡辅尤资励翼于亲贤机务勤宣力任而不辞艰巨烦疴暂息重起而益效勋劳念德望之攸隆实寰瀛所共悉维持大局方期柱石之常存寅畏小心何竟典型之忽谢成劳用念锡谥曰忠祀既入于崇祠配允宜乎祖庙于戏松楸在望倍怀宗杰之遗徽藟葛常延永戴天家之宠锡钦兹巽命峙厥丰碑

光绪戊戌年七月十六日

94. 和硕醇贤亲王奕譞墓碑

光绪十六年十一月礼臣奏上醇贤亲王丧仪以碑文请钦奉皇太后懿旨碑文皇帝亲制子臣载湉承命维谨越三年岁次壬辰四月筮日恭举葬礼于是齐遬流涕撰次勋德勒诸贞石其辞曰我本生考醇贤亲王皇祖宣宗成皇帝第七子也母庄顺皇贵妃生而明敏敦厚孝谨为皇祖所钟爱六龄入上书房读书十龄能骑射习火枪文宗显皇帝御极封为郡王眷遇优渥往往乘舟赋诗或从猎行围一如家人礼穆宗毅皇帝嗣位两宫皇太后垂帘听政晋封亲王授御前大臣命在弘德殿照料读书入则辅导圣躬出则规划戎略创立神机营选八旗兵丁之材者亲加训练由是京师有炮队劲兵同治十三年穆宗升遐皇太后命予小子入承大统我本生考醇贤亲王深怀谦抑于皇太后前辞免职务懿旨俯允而倚畀益隆命以亲王世袭罔替凡军国重大之事无不咨焉既仍管神机营又以创设海军命综其事岁丙戌躬阅海口形势遂由天津历烟台旅顺轮舶驭风海波不兴各国使臣鳞集羽凑争睹颜色于是讲求船械议辟铁路恢恢乎有经营六合之规盖上禀慈训下集群谋殚心竭思未尝一日释也至于经始大工百度具举程材度地昕夕靡懈而雄文丽句浩若江海举笔立就得于登临览观时为多尝辑典谟中法语大书一通并述列圣艰难之业东朝覆育之恩成诫勉诗二章揭诸讲殿之壁俾予小子出入省览又尝鉴宋明议礼之失具疏密奏皇太后谓历代继体之君推崇本生父母当以宋孝宗不改子称秀王之封为至当将来如有援引治平嘉靖之说进者务加屏斥俾千秋万世勿再更张迨光绪十五年大臣中有请议尊崇典礼者仰蒙皇太后宣示此疏褒扬我本生考醇贤

亲王以为纯臣心事古今莫及呜呼仪礼为人后者之义高宗纯皇帝濮议辩昭示于先本生考醇贤亲王豫杜妄论疏阐发于后实足以尽人伦之极则而立臣子之大防此所谓一言而为万世法者也本生考醇贤亲王以道光二十年九月二十一日诞生光绪十六年十一月二十一日薨逝春秋五十有一寝疾之时皇太后临邸看视及薨特谥曰贤自殡及葬亲赐奠醊者数四盖旷典也园寝在京师西山妙高峰首庚趾甲规制如亲王礼呜呼以本生考醇贤亲王之宏猷茂绩允宜夹辅宗社用保乂我邦家而天不假年遗志未竟则予小子之思慕其有穷期耶敬举大节质言无文以申慈命以告臣民以垂诸永永无极之世

光绪十八年四月二十一日恭述谨书

95. 和硕醇贤亲王奕譞看过妙高峰风水志喜作序并书碑（碑阴预杜妄论奏疏）

（碑阳）

同治戊辰九月十九日看定妙高峰风水志喜并序

余夏间病后气弱弗克趋公蒙慈恩圣恩赏假至蔚秀园小住旬余复往西山响塘庙避暑是庙为太监王照禄王正光等创建皆随余旧仆也素性朴诚行复清洁遁世山居深洽余宿好偶话及是处林峦之妙王照禄因余尚无园寝深为系念告余山南有九龙口者九峰环抱局势颇佳欣然倩堪舆托某往视奈伊竟无可否秋间闻有堪舆李唐字尧民深通斯术于是请假邀与俱往周视上下据云山高地狭万难适用乃索然思返王照禄复告以山北最高之峰名妙高峰盍往视之余尚夷犹护军校色克图太监曹进寿从旁敦劝姑为一游北行二十余里甫露峰岚尧民即遥瞩称善至则层嶂巍峨丛林秀美徧山流水潺湲其源澄徹如镜山高三里许凭凌一望目极百里洵大观也尧民深赞不已指古松西北为来龙正脉点穴最佳余喜极不复狐疑一言断决念斯事切要而余看择风水如此之速又如此之佳实王照禄之力也喜唫长律记之

游迹探奇讬名山几度经平生耽夙好秘诀缅前型顾我心如结中人念独惺寄身闲似衲防口守如瓶清话烦炊黍浮纵偶聚萍九峰陈历历十里策骊骊未□金精吉空劳玉勒停积诚机妙转虚受语兼听爰命轮号发重寻草木灵螺鬟殊解意鹤膝俨成行尧民□妙高峰势如鹤膝为金象最佳石湊玲珑骨林开锦绣屏细流分径曲斜日印渊渟鱼漾千头碧龙盘百尺青老松高六丈许杏树一株围三丈五尺清阴盈亩垂实累□（累）皆数百年物也水源出石罅周砌以石游鱼千余头堪舆云是生气奇缘钟造化佳气郁峥嵤实获偿虚愿频行趁壮龄集谋同筑舍决计异盈庭款志嘉敦笃欢悰勒志铭从来多戚戚一筊付苍冥

亲王衔多罗醇郡王作并书　皇七子　醇郡王（印章）

（碑阴豫杜妄论疏）

光绪十五年二月初二日钦奉慈禧端佑康颐昭豫庄诚皇太后懿旨本日据吴大澂奏请饬议尊崇醇亲王典礼一折皇帝入嗣文宗显皇帝寅承大统醇亲王奕譞谦卑谨慎翼翼小心十余年来深宫派办事宜靡不殚竭心力恪恭尽职每遇优加异数皆再四涕泣恳辞前赏杏黄轿至今不敢乘坐其秉心忠赤严畏殊常非徒深宫知之最深实天下臣民所共谅自光绪元年正月初八日醇亲王即有豫杜妄论一奏内称历代继统之君推崇本生父母者以宋孝宗不改子偁秀□之封为至当虑皇帝亲政后佥壬倖进援引治平嘉靖之说肆其奸邪豫具封章请俟亲政时宣示天下俾千秋万载勿再更张其披沥之诚自古纯臣居心何以过此此深宫不能不嘉许感叹勉从所请者也兹当归政伊始吴大澂果有次奏若不将醇亲王原奏及时宣示则此后邪说竞进妄希议礼梯荣其患何堪设想用特明白晓谕并将醇亲王原奏发钞俾中外臣民咸知我朝隆轨超越古今即贤王心事亦从此可以共白嗣后阚名希宠之徒更何所容其觊

觎乎将此通谕中外知之钦此

奕譞撰并书看定妙高峰风水志喜并序碑碑左侧诗刻

深公祇解巢由隐叟无由谢俗缘何幸平生遭际盛圣明钦赐买山钱买山建茔蒙慈恩圣恩赐银五万两

奕譞撰并书看定妙高峰风水志喜并序碑碑右侧诗刻

中情犹豫逐时添卜吉迟迟岁月淹立异漫夸三识慧决疑须协二人占心通柳暗苍明境语绝瓜田李下嫌妙高峰风水经李尧民看定本无疑义旋有称不可用者复倩萧山叶秀圃来视始知皆属子虚分付舆儓宜便了朴诚忠信喜相兼命七品首领太监范长喜护军校色克图董厥事一切章程均极周妥山田互易公平售卖亦无毫抑勒沾染虽由余指画伊等实能恪遵

戊辰嘉平月十六日作并书勒石　皇七子　九思堂印（印章）

96. 和硕醇贤亲王奕譞别墅南便门额题

光绪丙子三月朔　隔尘入胜　妙高峰主人题

97. 和硕醇贤亲王奕譞侧福晋颜札氏墓碑

（碑阳）

侧福晋颜札氏之墓

光绪八年岁在壬午季秋月吉日建

（碑阴）

流芳遗挂见潘安仁句都无迹殉余衣物都付一炬丹棘青棠莫慰情戚戚鸡偬悲繐帐煌煌鸾诰降瑶京梵文妙谛千华藏鲜馔奇珍七宝龛蒙皇太后恩赐白檀梵文牌玉佩荷包复蒙派中使酹奠凡五次没受殊恩十一月十四日钦奉懿旨追封侧福晋时尚停厝于邸生拜赐自前年选赐恩赉骈蕃并诏入宫禁二次旁妻几见此哀荣

光绪辛巳仲冬下浣作并书

皇七子　九思堂印（钤印）

98. 和硕醇贤亲王奕譞撰文伐枯死树碑

余生圹东南隅古松完颜之朝已称乔木见日下旧闻考树凡两株土人以秘魔岩有大青龙两青龙灵迹亦仿而名之此其小者也余建圹时已就枯朽然老干槎枒犹存夭矫拏云之概见诸吟咏者屡矣年来偃蹇日甚枝枯皮脱势将随风而仆遂于光绪壬午季春十七日乘山居之□伐置南墙外并记颠末勒石树于松根上用示珍惜之意所谓大青者闻为山僧某伐制槅榯示寂后遭暴露之祸于是好事者展转附会若或有灵异者然云

皇七子　九思堂印（印章）

99. 和硕醇贤亲王奕譞别墅花园题字碑

（略）

100. 和硕醇贤亲王奕譞后山花园题字碑

（略）

101. 和硕醇贤亲王奕譞撰书题跋碑

御赐九思堂

手泽如新甲子周宸衷缅溯与天游露滋兰坂华林晓菊艳霜篱禁籞秋染翰香标王者喻求贤才访隐沦侔贞珉宝绘分传世圣志长同圣迹留

光绪己丑清明后二日

子臣奕譞敬题　（印章）皇七子　和硕醇亲王

102. 醇亲王载沣墓碑

先考爱新觉罗载沣墓碑　　　　一九八九年四月五日敬立

103. 亲王衔多罗孚敬郡王奕譓墓碑

（漫漶严重，难以辨认）

104. 宗室永悳等重修龙泉寺题名碑

（碑阳）

盛京户部侍郎兼管奉天府府尹事务兼管宗室觉罗孝正　提督奉天等处学正李　管理牛庄地方协领兼□栊佐领新满洲加五级富色诺　奉直大夫知辽阳州事加三级纪录六次罗　□□知县管奉天府辽阳州儒孝□正□事赵相户部主事万德　文林郎知奉天府海城县事加三级紫泉李廷飏□（部）京正白旗现任工部营缮虞衡司郎中加四级纪录五次纳福　直隶保定府武强县监生工头郝致中　顺天府监生工头范成　内务府汉军生员邱东周　奉旨御史记名□□一等又奉旨兼南路辽阳□□等八处城工郎中纳　辽阳城守尉宗室永□（悳）　海□城□□黎□祖　辽阳城南桃花屯苏鸿泰　辽阳城西老鹳窝白明礼　海城县廪生赵德森　海城县监生唐士智

（以下题名及碑阴题名略）

时龙飞大清乾隆肆拾捌年岁次癸卯孟冬月榖旦立

（附录）重修龙泉寺碑记

重修龙泉寺碑记

且梵刹之建也何为也哉盖以人生斯世托处寰宇其所以得享此福祉者虽在各人之积修而寔由诸佛之庇佑故自李唐而后以迄于今凡有人居之处或建立庵观或创造寺庙庶乎祈报之际有所凭依而恭敬之心□至于望空而虚将也千山之境有五寺而五寺之中有龙泉其由来久矣远接长白近挹巫闾南临沧海西达辽河云雾生于高巅之上清流涌于陡岩之间巍巍青山万卉而争妍丛丛绿树百鸟以和鸣正殿居于其中配殿列乎两旁层阶以下左有客舍右有云厨自此而南天王与弥勒相对钟楼与鼓楼相迎经阁在东常为参禅之所书斋在西永做讲学之居所谓盛景奇观名山古刹者讵非在此地乎虽

创建之初未审其为何代而时值明末业经修补迨我盛朝自康熙五十九年以及当今圣皇十一年其废□者修之残缺者补之又已二次俱有遗碑可验阅今三十余载正殿五间并配殿二所为雨蚀风剥庙貌倾颓佛像污秽觏斯况也不禁触目而伤心矣幸而灵气所钟善信频出各捐赀财共勷胜事于四十四年鸠工庀材金饰色及四十六年而功始告成焉第见庙貌整齐佛像辉煌举前此之倾颓污秽者倏尔改观矣歆欤休哉佛恩大而人赖之以享福人心善而佛借之以增辉此一举也孰谓非□心之胜举也耶然重修而不留碑记则前人无以启后人之心而后人将无以继前人之志亦未必非重修者之失料度也爰命梓人勒碑刻铭庶乎永垂不朽可留志于奕祀而有以动其为善最乐之思云

古北平滦邑许景由撰文　本寺住持僧本贵徒来永等

时龙飞大清乾隆肆拾捌年岁次癸卯孟冬月榖旦立

105. 宗室永悫等重修药王庙题名碑

（碑阳）

溪湖之东有药王庙焉其地诸农贾之居者咸灵而烟祀之青山石君羽化于此因诸农贾之请新其祠屋而请记于余余曰斯祠之肇始于何事彼默然无以应问曰山年少未尝通悉往事向之来非有耻于名利之徒偶然处之则亦惟从事焉耳已往乎何与今日者商其会天加之缘贵人富贾争踊跃而输资庶民小人咸奔走以趋事为圣殿为廊庑大小咸宜内外壮观盖亦知真人之德之至会人□而流泽□远且久也而不与其力然非执事之人而千百世之巨丽无自而开夫翚飞鸟革远之则有望翠帘朱扉近之则悚观其成之月日则在乾隆乙巳之九月既望也而碑勒于何及越明年丙午吕中林钟节近天贶邀宾请客设筵张饮而碑因以成矣信乎其□也且夫居是职者襟怀磊落非同流俗之人而□体平坦□下等癫狂之辈于山则乐其静于水则乐其动于人则安于宁静而淡且兼启请因天乘地顺乎土俗而创此秀伟乃可以协和其间而寓其乐于此夫岂敕其规制焕其宫庭云尔哉

盛京辽阳城守尉宗室永　特授奉天府辽阳州正堂亮　辽阳城守尉加四级记录二十七次宗室永悫　奉天府辽阳州正堂随带加一级又加一级记录六次亮什朗

白兴寨　瓦匠杨兴　画匠尹则伊　泥木匠何朝臣　石匠马德山　住持道石合玉

乾隆五十一年六月上浣榖旦立

（碑阴略）

106. 宗室常福宝等舍地碑

立舍地人镶白旗宗室永锡佐领下宗室常福宝有地三段九十亩坐落通州□□园庄庄南一段十亩庄西一段五十亩庄西南□□□□同庄头周永珮吴兴倪秉仁舍与戒台寺永作佛前香火永不返回刻碑流芳　乾隆四十二年正月立舍地人宗室常福宝

立舍地人镶白旗宗室永锡佐领下宗室荣喜有开荒民地十一段二顷六十五亩坐落通州南共吉店村南同同庄头周永珮管家德昌中见人吴兴倪秉仁舍给戒台寺永作佛前香火永不返悔刻碑流芳　乾隆四十二年十二月十七日立舍地人宗室荣喜

立舍地人镶白旗宗室永锡佐领下宗室宁泰有地一顷零三亩坐落通州南共吉店西又□家庄房地相连四顷有余一段同庄头杨蓉兴本庄大和尚舍给戒台寺永作佛前香火刻碑流芳　乾隆四十

四年八月二十八日立舍地人宗室宁泰（以下略）

107. 宗室德川等捐资重修石塔寺碑

重修石塔寺碑记

粤稽古史有云凡祭告天地必以坛享祀百神必以庙敝则修之以昭敬也开原石塔寺始自唐乾元时洪理大师所建崇寿禅寺也至大定三年复建石塔为大师瘗乃更名焉详阅古石参以县志自明万历以前已经八重修矣万历二年甲戌重修未及勒石越二十二年甲午重修至丙申则勒之嗣后或勒或否碑记虽无全文迄今约已十余次矣是开原坛庙之设莫古于斯而所以昌帝运觉群迷资祈禳严保障者亦莫重于斯矣而何可听其敝而莫之修也数年来风剥雨蚀日就颓败余每步履至此辄欷歔久之而窃叹其继修之无人也孰意佛教开心无梦不觉人情好善有感斯通适有商人张履泰阎得义者目击心伤□意兴作因谋于武生郭纯祈监造焉又复会同吏员阎亮以总财物之出纳由此首从各效其职内外悉得其人寒暑不避风雨不辞昼夜辛勤始终如一历二载而工竣焉虽然四人者初不敢自居其功以掩人之善也盖四人之家无山林何以出木石无陶冶何以出砖瓦无灰土何以资垒砌无采色何以资绘画且无车马之众多何以供数百辆之脚运无米薪之委积何以供数千工之饔飧当斯时也正有赖于阖郡官商信士募者募捐者捐以广聚其赀财此用之所由足而功之所由成也故特立两石普载芳名并求余而为之记余喜其落成虔谒佛像周瞻庙貌见仆者起衰者正敝者完故者新迥非昔日颓败之象矣而余向者欷歔之叹亦由此而一舒故欣然而乐为之记云

开原县城守尉加九级纪录五次宗室德川捐银　世袭正黄旗佐领吉庆捐银五两　厢黄旗骁骑校科施讷捐银四两　开原县正堂加九级纪录十三次广和捐银　开原厢黄旗防御明安图捐银五两　厢白旗骁骑校怀他恒额捐银四两　开原县儒学正堂庚午科举人王丹书捐银四两　开原正红旗防御添常阿捐银五两　正白旗骁骑校德和布捐银五两　开原县督捕厅加三级纪录五次梁世华捐银十二两　开原厢白旗防御扎勒杭阿捐银三两　正红旗骁骑校三清阿捐银五两　开原关防处笔帖式富勒合讷捐银五两　开原厢红旗防御安邦阿捐银五两　厢红旗骁骑校辅尼雅翰捐银四两　开原仓官咸丰捐银五两　开原厢蓝旗防御索尼辉捐银五两　开原仓外郎三福捐银五两　正黄旗骁骑校觉罗扎钦布捐银五两　癸酉科优贡候选复设训导王应祥撰文　乙酉科拔贡候选直隶州判段云峰书丹

大清道光十七年岁次丁酉九月下浣穀旦立

108. 宗室宝山等重修龙王庙碑

重修龙王庙记

金城之西距海三星海滨故多岭岫其耸然特秀者号为西山山之巅有龙王庙由来久矣□□□舞雩亦时获甘霖叠沛之应凭栏遥瞻海天一色迹其波涛不惊风帆顺利可以想见国朝定□□□□□□□□□验焉固非独犀燃牛渚带镇金山仅传为一时之胜概已也其东北则望衡对宇鸡犬相闻其□□□□□□□□□□□□□□□阙海市蜃楼莫不有变幻之奇观以隐现于兹山之下即莫不有往来之灵气以贯注于□□□□□□□□□□□□□□□□□□□乎宗室宝公来守是城既逾年百度惟贞庶事毕举公余仰止慨然动修葺之念成公下车伊始即欣然□□□□□□□□□其间以共成宝公之志一时善人

君子闻风慕义咸有同心于是量力捐赀鸠拓基址除院落上栋□□□焕然一新□□□□事久而就湮乃刊石以志其年月俾得垂诸奕世庙貌常昭于以崇祀事而肃岂直如郭林宗张希□兢兢于逆旅传舍已哉住持者谁山僧性广也监工者谁禅师来观也亦庶几乎栖迟精舍而永云尔是为记

金州城守尉加一级纪录四次宗室（宝山） 署金州城守尉水师营协领加三级纪录六十二次德特贺 岫岩凤凰城海防□府锡龄 奉天府宁海县知县加五级纪录十次成章瓒 儒生刘（乾）撰 邑庠生方谟书

大清道光二十年六月穀旦敬立

109. 宗室玉构泰山题摩崖石刻（一）

光绪丁未孟夏

五岳独尊

泰安府宗室玉构题

110. 宗室玉构泰山题摩崖石刻（二）

光绪丁未孟夏

泉清自洁

泰安府宗室玉构题

111. 端庄固伦公主墓碑

端庄固伦公主碑文

国家笃念懿亲推□□□靡已追维令德渥典礼于方新尔固伦公主太祖高皇帝之女朕之祖姑也□金枝凝秀银汉分祥贞静秉于□成柔嘉孚乎内则肃雍著范曰归勋旧之宗贤慎宜家□□□闹之化奄辞戚里屡易□霜淑仪久著于生前令誉犹存于今日齐锡属在裔孙不忘祖□冀长新其兆域虔吁表扬□特沛夫恩荣俯俞奏请端庄赐谥异数丕昭呜呼芳型宛在名增（瑜琰）之光彤管常垂宠焕丝纶之色用兹昭示，不亦休欤

康熙五十五年□月初二日立

112. 端庄固伦公主建园迁墓碑

（碑阳）

康熙丙午年彭春劳满色齐锡奏称彭春等辈之曾祖父何和礼祖父何芍图皆殁于盛京并葬于盛京曾祖母公主祖母郡主葬于京城祈请迁二祖骨骸与公主郡主合葬奉旨尔祖何和礼何芍图皆太祖太宗创业之重臣太祖太宗陵在盛京宜送公主郡主至盛京尔议不合钦此钦遵即于盛京周围觅得红宝石山按三家派银彭春三分齐锡两分劳满色一分遣三家家长瓦罕茂三萨□□□等将墓园门衙门建造完毕康熙戊申年奏准迁公主郡主二祖至盛京旨意四牛录文武官员人等俱往送派四牛录四十马甲护送公主钦此此迁彭春劳满色齐锡等父母兄弟诸墓皆移至红宝石山现所建园长十五丈宽十丈园中建造衙门其内甚窄十四个墓两边安葬至衙门房山墙之北角园隐山脚而建傍墙皆遇沟边因

难开扩虽窄而罢思欲另觅别处而归盛京矣数载未□□值吴三桂叛乱因彭春齐锡皆从军耽搁将及十年矣康熙戊辰年齐锡退职闲居之际专至墓地拜谒见此地山平地阔水土美好草木茂盛正可为祖辈长久之地康熙庚午年复来躬修园门种植树木土砖堆垒建造土山外园以土砖砌之并设栅栏康熙癸酉年齐锡与兄彭春议道此地安葬祖辈为三家公祀之地我等父母之墓各自另觅别处安葬我等老时葬于父地若如是则墓园不至于窄而看守人之田产亦略宽矣议定齐锡率妻拏于三月将曾祖父公主祖父郡主小叔祖定葬墓周围建玉台门前建玉台放二石狮迁三祖碑石而立墓□□立石碑界康熙辛卯年齐锡又率朱栋宏茂于园内建造衙门从大门至玉台用砖铺甬路康熙癸巳年率朱栋整理大门内园南面矮土墙用砖石砌之设下大栅栏至大门玉台用砖铺甬路在西边造三间班房事毕将内外巡视见墓园宽阔命立三祖之碑石可观齐锡尽些微之敬意喜归京城矣康熙癸巳年齐锡奏准整理祖辈墓园一事又欲与公主之墓彰立碑石去京城取册见公主无号因此康熙乙未年请奏齐锡欲与公主之墓彰立碑石公主无号请赐号等语奉旨追赐公主端庄号又赐碑文荷蒙圣主无穷之恩即备齐建造碑石诸物康熙丙申年遣福永朱栋督视立碑建亭是年齐锡奏准告祭已立赐号公主之碑即躬率三家子孙于四月初二告祭公主并一一祭扫祖辈父母兄弟之墓事毕会同众子孙议定而归

（碑阴）

康熙丙申年墓园工程俱竣谓众子孙曰原三祖公主郡主墓园皆三家合建此地创建时二兄在任齐锡退职闲暇之际躬身督造唯用自家之人此后二兄皆殁仅剩自身一身之事尽力而为之今年方竣工矣余身亦老今若不托付尔等日后子孙必相推诿以至墓园残颓兹规定如下一项墓地添土整修乃各自奉祀之人事一项曾祖父祖父碑石皆曾寿之事叔祖碑石福永之事一项公主碑石碑亭三家众子孙合修一项大衙门曾寿之事一项土山玉台自玉台至大门之甬路大门门前玉台至栅栏之甬路石狮外园之栅栏班房等八处之整修事编为六分曾寿出三分寿山出两分李柱出一分一项内园墙长一百丈从大门东房山墙起十六丈李柱之事从大门西房山墙起三十四丈寿山之事北底墙五十丈曾寿之事一项外园南砖墙长五十一丈从栅栏东柱子起□九丈李柱之事继而十九丈寿山之事从栅栏西柱子起直至班房南房山墙曾寿之事一项外园土墙亦编分从西南墙角往后寿山两分从东南墙角往后李柱一分其后曾寿三分一项园内外松树无论补种添种皆按三分出之一项除南□之外园内外诸地之土破颓等处添补之事皆按六分出力齐锡栋鄂部人原姓觉罗后随地改姓栋鄂齐锡乃固伦额驸五大臣三等精奇呢哈番追封头等公都统何和礼之重孙郡主仪宾头等公□□□□□□□□之孙追封头等侍卫正一品光禄大夫议政大臣都统胡锡布之子齐锡初任胞兄二等伯之荫生二任叔祖效力世袭二等阿斯罕呢哈番三任阿斯罕呢哈番佐领四任阿斯罕呢哈番佐领护军参领五任□□□□□□□□□□王府长史从此患病奏准退职十年有矣病逾重被录用初任王府长史二任正红旗满洲副都统三任正红旗蒙古都统四任都统议政大臣五任都统议政大臣佐领六任正红旗满洲都统□□□□□□□满洲都统自此获罪革职戴罪八载六十四岁又蒙皇上宏恩官复原都统等职为休致大夫这年六十七岁特奏准立公主碑石定墓园长久之事勒石以垂示子孙后代

李柱　曾寿　福罕　福海　福永　朱栋　福明　福林　尊柱　宏茂　福友　福奇　赫德　寿山（原文为满文，汉译选自《辽阳碑志选编》）

113. 固伦温庄长公主圹志碑

温庄长公主圹志文

制曰温庄长公主太宗文皇帝之女世祖章皇帝之姊朕之姑也生于天命十年八月初九日午时卒于康熙二年二月二十六日未时春秋三十有九卜以本年十月二十一日窆于妙儿沟呜呼朕缵鸿绪念系皇祖之女皇考同气之亲方期骈集繁祉永享大年何意遽尔奄逝朕怀震悼曷其有极为卜兆域并设垣宇窀穸之文式从古制祭享之仪爰考典章勒之贞珉用志生殁之年月惟灵其永妥于是焉

114. 固伦雍穆长公主圹志碑

科尔沁国亲王弼尔塔噶尔所尚固龙雍穆长公主圹志文

制曰固龙雍穆长公主太宗文皇帝之女世宗章皇帝之姊朕之姑也生于天聪三年正月初八日午时薨于康熙十七年闰三月十八日未时春秋五十卜以十八年十二月初五日窆于东边腾额里克界夸绰和尔儿地方呜呼朕缵鸿绪念系皇祖之女皇考同气之亲方期骈集繁祉永享天年何意遽尔薨逝朕怀震悼曷其有极为卜兆域并设垣宇窀穸之文式从古制祭享之仪悉循典章勒之贞珉用志生薨之年月惟灵其永妥于是焉

115. 淑慧长固伦公主圹志碑

巴林多罗郡王色布腾所尚淑慧长固伦公主圹志文

制曰淑慧长固伦公主太宗文皇帝之女世宗章皇帝之姊朕之姑也生于天聪六年二月十二日亥时薨于康熙三十九年正月初十日巳时春秋六十有九卜以本年八月二十四日辰时窆于察汉摩伦之河西巴颜昆都之名山呜呼朕缵鸿绪念系皇祖之女皇考同气之亲方期骈集繁祉永享天年何意遽尔薨逝朕怀震悼曷其有极为卜兆域并设垣宇窀穸之文式从古制祭享之仪悉循典章勒之贞珉用志生薨之年月惟灵其永妥于是焉

116. 固伦端顺长公主墓碑

端顺长公主

117. 和硕柔嘉公主册封碑

康熙三年岁次甲辰二月甲午朔越十四日丁未皇帝制曰典崇厘降帝女戒以钦哉诗美肃雍王姬咏其秾矣既娴内治宜被殊荣咨尔和硕公主乃和硕安亲王女世祖皇帝抚育宫中敬慎居心柔嘉维则母仪克奉教夙禀于在宫妇德无违誉九彰于筑馆出银潢之贵派作配高闳备玉牒之懿亲共襄宗国风占允协象服攸宜今特封尔为柔嘉公主锡之金册谦以持盈益笃兴门之祜贵而能俭永垂宜室之声勿替今仪尚绥后禄钦哉

（附录1）和硕柔嘉公主谕祭碑

康熙十二年八月二十一日皇帝遣礼部右侍郎折尔肯谕祭于和硕额驸耿聚忠所尚和硕柔嘉公主之灵曰敦睦之典必厚夫懿亲轸恤之怀尤深于淑顺生隆崇锡殁贲彝章尔和硕柔嘉公主乃和硕安

亲王之女世祖章皇帝抚育宫中孝谨性成素娴□（徽）范作配藩胤克著令仪方冀遐龄忽闻长逝爰加祭典用展哀悰呜呼谊笃天潢为表幽□贞之媺恩昭泉壤特颁芬苾之荣尔灵有知尚克歆享

（附录2）和硕柔嘉公主墓碑

和硕柔嘉公主碑文

朕惟典礼崇于淑德垂简册而常新恩施笃于懿亲历岁时而无斁溯遗徽之未泯宜异数之特颁尔和硕柔嘉公主毓秀金枝分辉银汉夙娴礼法既协节于珩璜懋著温恭足垂型于戚畹生膺介福没有令名仰唯圣祖仁皇帝眷念之殷恩膏之渥初终罔替赗赙有加朕诞膺大宝敬体洪慈用广锡类之仁载举展亲之典表殊荣于贞碣昭隆礼于重泉于戏彤史留芳弥焕丝纶之色鸿章褒德允生琬琰之光沛此新恩永垂奕世

雍正元年叁月贰拾叁日立

118. 和硕和顺公主谕祭碑

维康熙三十年岁次辛未十二月朔越二十五日皇帝谕祭尚之隆所配和硕和顺公主之灵曰国家谊重宗支荣分淑媛典礼恩均存殁宠畀伦音尔和硕和顺公主诞秀金枝流芳瑶册禀姿婉顺令德由于性成著范柔嘉禔躬娴夫内则溘焉长逝澬切轸伤聿颁祭酬之仪以笃懿亲之眷呜呼永怀惠质用追恤于泉台载考彝章爰荐馨于俎豆灵其昭格尚克钦承

康熙三十一年岁次壬申三月　日勒石

119. 固伦荣宪公主墓志

公主大清圣祖仁皇帝次女也康熙三十年厘降于巴林初封和硕荣宪公主四十八年圣恭不豫公主视膳问安晨昏不辍四十余辰未尝少懈迨即安之后乃优旨褒奖谓公主克诚克孝竭力事亲诸公主中尔实为最是用厚其典礼晋封固伦荣宪国公主方享期颐之祜遽符星变之祥遂于雍正六年四月二十一日享年五十有六而薨驸马吴尔衮系元室之胄世为巴林多罗郡王办理旗务乃我太宗文皇帝第四女淑慧国（伦）长公主之嫡孙也康熙四十三年嗣封王爵使统理十一旗事五十五年董督内属国二十三旗戎务北讨测旺妖星尤炽未酬敌忾之心梁木忽摧转甚英雄之痛遂于康熙六十年二月十三日薨于军享年五十有一男一人女一人男霖布袭封王爵女为显亲王元妃嗣王孝子霖布谨择巴林境内巴颜陶拜山阳修建享殿筑治地宫吉卜雍正七年八月十九日辛酉合葬先公主先王于北域礼也呜呼寝园轮奂同符千里山河子姓振绳永锡九天雨露爰志幽邃永垂不朽

大清雍正七年八月十九日书

120. 和硕端静公主墓碑

和硕端静公主碑文

国家谊笃懿亲没存罔间恩隆淑德典礼频加尔和硕端静公主秀毓深宫祥征天汉徽音夙著静一禀于性成宝训亲承端庄乎乎内则既履丰而处约勤俭克敦亦在贵而能谦孝慈兼尽方期茂膺乎遐福何遽摧折于早龄！深切悼怀弥崇优锡更念公主之贤淑俯俞哀子之吁求特表丰碑用彰异数呜呼懿行长垂留芳声于简册褒纶载焕被宠赉于泉台昭示来兹不亦休欤

康熙五十一年七月十一日立

121. 和硕端静公主圹志碑

喀喇沁噶尔藏所尚和硕端静公主圹志文

制曰和硕端静公主朕之女也生于康熙十三年五月初六日巳时薨于康熙四十九年三月二十六日申时时年三十有七卜以康熙五十八年十一月二十九日丁酉日未时窆于白勒图之原呜呼惟尔秉质温醇居衷淑慎祇承亲训孝谨之义无违娴习阃仪柔嘉之德益懋俭约常守而夙著休风礼法自持而动符懿德方冀克膺多祚何期不享遐龄悯悼良深眷怀曷已爰稽古制窀穸有文勒诸贞珉用志生薨之年月惟灵其永妥于是焉

122. 和硕端静公主奉旨合葬碑

喀喇沁郡王和硕额驸噶喇臧有外边蒙古之王也□□皇上质养教谕至极怀全远近虽内外不分盻小由怜近□□留谕养成配与和硕端静公主封为郡王名望厚恩恒治世安逸过恩经征郡王之职尽诚皇上仁德威福敦厚愿在靠生理敬上伐国家遥望政治不意康熙六十一年三月初七日卯时早龄生于康熙十四年乙卯四月十二日卯时生享年四十八岁又奉旨速合葬于公主之金灵择于本年岁次壬寅季冬月二十二日岁官交成之日未时安葬声誉留后特专续文刻字

元子南木赛以付诸碣　　地名白勒图

123. 和硕怀恪公主墓碑

和硕怀恪公主碑文

朕惟肃雍之美著于风诗婉娩之容彰于传记故贲之丹诰而树以青珉所以重银潢昭壶德也尔和硕怀恪公主朕之女也玉质含章金枝蕴秀行谐箴史柔嘉悉本于性成度叶璜琚贞静无违于义训履礼守约允宜勋旧之家处贵能谦聿树闺闱之范虽岁时代谢而芳躅具存夙深顾复之思新焕丝纶之命乃稽成宪式表幽阡呜呼龙章照耀长垂彤管之声螭石嵯峨遥起青林之色传示弈祀不亦休欤

雍正四年　月

124. 和硕和嘉公主石牌坊

（左侧柱镌刻）马鬣景鸿仪心驰霜露

（右侧柱镌刻）龙光垂燕翼气协风云

参考书目

1.《满洲实录》 辽宁省档案馆整理 万卷出版公司 2007年版

2.《北京图书馆藏中国历代石刻拓本汇编》 北京图书馆金石组编 徐自强主编 中州古籍出版社 1990年版

3.《沈阳碑志》 沈阳市文物考古研究所编 姜万里主编 辽海出版社 2011年版

4.《本溪碑志》 本溪市博物馆编 梁志龙主编 辽宁民族出版社 2016年版

5.《丰台区石刻文物图录》 北京市丰台区文化委员会编 王艳秋主编 北京燕山出版社 2008年版

6.《清世宗实录》卷七十八 台湾华文书局1969年影印

7.《北京石刻艺术博物馆藏·馆藏墓志拓片精选》 北京石刻艺术博物馆编 王丹主编 北京燕山出版社 2012年版

8.《中国国家博物馆馆藏文物研究丛书·明清档案卷·清代》 中国国家博物馆编 上海古籍出版社 2007年版

9.《清史图典·顺治朝》《清史图典·乾隆朝》《清史图典·光绪 宣统朝》 朱诚如主编 紫禁城出版社 2002年版

10.《鞍山碑志》 路世辉 富品莹编著 沈阳出版社 2008年版

11.《重访清代王爷坟》 冯其利 周沙著 北京燕山出版社 2007年版

12.《清代园寝志》 宋大川 夏连保主编 文物出版社 2012年版

13.《天津博物馆文物精华》 张志主编 天津杨柳青画社 2005年版

14.《清世宗文物大展》 冯明珠主编 台北故宫博物院出版 2009年版

15.《中国国家博物馆馆藏文物研究丛书·绘画卷·历史画》 中国国家博物馆编 上海古籍出版社 2006年版

16.《西安碑林全集·碑刻》 高峡主编 广东经济出版社 海天出版社 1999年版

17.《杭州孔庙·法帖类》 杜正贤主编 西泠印社 2008年版

18.《故宫珍藏人物照片荟萃》 刘北汜 徐启宪主编 紫禁城出版社 1995年版

20.《莫理循眼里的近代中国·北京的莫理循》 沈嘉蔚编撰 窦坤等译 福建教育出版社 2007年

21.《1860—1930英国藏中国历史照片》 中国国家图书馆 大英图书馆编 国家图书馆出版社 2008年版